高职高专公共基础课系列教材

应用文写作概论

主编　赵　博　殷艳芳
参编　史裕曙　赵会珍　冯梅英
　　　李　莉　张子媛

西安电子科技大学出版社

内 容 简 介

本书是一本实用的应用文写作教材，针对学生在校期间、择业之时以及就业后的实际需求，以简洁的语言和贴近生活、贴近实际的例文，向读者介绍了日常生活文书、大学生实用文书、企事业单位活动文书、经济文书、公文写作的定义、特点、结构、写作要求和注意事项，并设置了例文评析、实训拓展、知识链接和思考与练习等内容，以便学生进一步巩固和拓展所学知识。

本书既可作为高职高专、成人教育、职业技能培训的教材，也可作为个人工作、学习的参考工具书。

图书在版编目(CIP)数据

应用文写作概论/赵博，殷艳芳主编. 一西安：
西安电子科技大学出版社，2020.8(2025.7 重印)
ISBN 978-7-5606-5824-7

Ⅰ. ①应… Ⅱ. ①赵… ②殷… Ⅲ. ①汉语一应用文一写作一概论 Ⅳ. ①H152.3

中国版本图书馆 CIP 数据核字(2020)第 142826 号

策　　划　秦志峰
责任编辑　秦志峰
出版发行　西安电子科技大学出版社(西安市太白南路 2 号)
电　　话　(029)88202421　88201467　　邮　　编　710071
网　　址　www.xduph.com　　电子邮箱　xdupfxb001@163.com
经　　销　新华书店
印刷单位　陕西日报印务有限公司
版　　次　2020 年 8 月第 1 版　2025 年 7 月第 9 次印刷
开　　本　787 毫米×1092 毫米　1/16　印张 11.5
字　　数　271 千字
定　　价　33.00 元
ISBN 978-7-5606-5824-7
XDUP 6126001-9

前　言

本书是高等职业院校基础类课程规划教材之一。

应用文写作是一门实用性很强的课程，是进入职场必备的技能之一。写作能力差，将直接影响后续职场的生存和发展，因此在校大学生应用文写作能力的培养至关重要。

高职院校以就业为导向，比较注重学生职业技能培训，对学生基本素质的培养往往关注不够，特别是在学生沟通表达能力的培养方面没有给予足够的重视，不利于学生的全面发展。学生在创业、就业过程中需要撰写各种简历、材料，参加各种笔试、面试，由于没有受到这方面的培训，因而在竞争中往往会处于劣势，影响竞争力。写作水平不高，不但会使学生事业发展空间受到很大限制，还会使个人文娱生活不够丰富，降低幸福指数。因此，我们根据在校学生的学情，以实用性为前提，将学生所学的内容与知识结构相融合，并参考相关教材编写了本书。本书共设计了六章内容，从实际工作需要的角度出发，选择了有代表性的各类文书，立足实用性，淡化专业性，以达到切实提高学生应用文写作基本能力和素养的目标。在编写体例的设计上，本书以基本理论知识为主线，简要介绍了应用文写作的基本原理，把各文种的作用、特点及写作模式放在主体地位，同时努力突出实践训练，选取了大量的案例，深入浅出地进行讲解，引导学生掌握所学知识。

本书由邯郸职业技术学院赵博、殷艳芳担任主编，史裕曙、赵会珍、冯梅英、李莉、张子媛担任副主编。具体编写分工为：第一章由李莉编写，第二章由史裕曙编写，第三章由赵博编写，第四章第一节至第四节由殷艳芳编写，第四章第五节和第六节由李莉编写，第五章由冯梅英编写，第六章由赵会珍编写，附录由张子媛编写。赵博、殷艳芳提出编写思路，制定编写大纲，设计编写体例，并负责全书统稿。此外，邯郸职业学院李子安、王建军、苗富强、陈国伟、赵宏杰、王京、李海红、陈菲、闫爽、王雪娇等老师提供了很多实际教学中的经验和例子，在此向各位老师表示感谢。

在编著本书时我们做了大量的调研，尽量做到推陈出新，以适应社会对人才的需求。

由于编者水平有限，书中难免有疏漏和不妥之处，恳请各位专家、学者和读者提出宝贵的意见和建议，以便再版时修订完善。

编　者

2020 年 5 月 28 日

目　　录

第一章　绪论 …… 1
第一节　应用文概述 …… 1
第二节　应用文写作基础知识 …… 2
第三节　提高应用文写作能力的方法 …… 4
第二章　日常生活文书写作 …… 6
第一节　条据 …… 6
第二节　启事 …… 11
第三节　申请书 …… 17
第四节　证明信 …… 21
第五节　介绍信 …… 24
第六节　表扬信 …… 27
第七节　感谢信 …… 29
第八节　慰问信 …… 31
第三章　大学生实用文书写作 …… 35
第一节　毕业论文 …… 35
第二节　毕业设计 …… 47
第三节　求职信 …… 53
第四节　求职简历 …… 58
第四章　企事业单位活动文书写作 …… 66
第一节　策划书 …… 66
第二节　倡议书 …… 69
第三节　请柬 …… 71
第四节　简讯 …… 73
第五节　计划 …… 76
第六节　总结 …… 80
第五章　经济文书写作 …… 89
第一节　调查报告 …… 89
第二节　意向书 …… 96
第三节　招标书与投标书 …… 99
第四节　合同 …… 114
第六章　公文写作 …… 123
第一节　公文概述 …… 123

第二节　通知…………………………………………………………………………… 135
第三节　通报…………………………………………………………………………… 141
第四节　公告…………………………………………………………………………… 146
第五节　通告…………………………………………………………………………… 149
第六节　请示…………………………………………………………………………… 153
第七节　批复…………………………………………………………………………… 157
第八节　决定…………………………………………………………………………… 161
第九节　函……………………………………………………………………………… 165
附录　应用文写作模拟试题…………………………………………………………… 173
参考文献……………………………………………………………………………… 178

第一章　绪　　论

第一节　应用文概述

知识目标

（1）熟知应用文的基本概念。

（2）掌握应用文的特点与分类。

能力目标

能够区分应用文与其他文体的行文特性，对应用文的写作有整体把握。

一、应用文的定义

应用文是党政机关、企事业单位、社会团体和个人处理公私事务经常使用的具有规范格式和统一名称的实用文体的总称。它是国家机关、社会团体和人民群众在行政管理、社会交往中形成的具有法定效力和规范体式的文书，它是国家进行政务管理的手段，也是单位和个人开展工作学习、社会活动、交流信息的工具。

二、应用文的特点

（1）特定性。应用文有特定的客体对象，每一种文体都有特定的影响受众。比如总结可以用来给上级汇报工作进度，计划可以作为平行单位工作的参考，请假条用于给上级和师长提呈休假事宜，法律类文书可以作为起诉的凭证，等等。特定性决定了文体内容的侧重。

（2）规范性。在应用文的发展进程中，源于使用的习惯和沿袭的工作要求，应用文都发展出了各自的固定格式，这样才能更好应用于各类公私事务。首先，在实施现代化管理中，写作者必须遵守规范格式来布局结构，在《国家行政机关公文处理办法》第三章中有明确的公文格式、章程、规定、办法等，任何部门和个人不能随意更改。在请示批复等公文中，对行文的语气，开头和结尾的语言、位置都有十分严格的规定。其次，一些应用文约定俗成的格式，因为使用便捷也保留了下来，如书信、通知、欢迎词等，常用的必备要素必须要在文中适当的位置体现，如称呼、祝福语、落款、日期等。

（3）时效性。应用文作为工具性文体，最为明显的特性之一就是时效性。应用文能够更好地处理工作和生活当中各类公私事务，但一般都会受到时间限制。某件任务完成后，某一类文体的使用价值也就消失了。如通知类文体《××市供电局“十一”期间加班通知》，需要加班的期间一过，该通知就失去存在的意义了。再如请示批复类文体，必须在政务工作或社会活动发生的过程中完成。有些应用文书有时间效力规定，超出规定时间就会失效，最典型的是合同类文书。《经济合同法》中规定，合同类文书只在某一个具体项目的合同履约有效期内具有法律效力。

（4）实用性。应用文的产生和发展，是根据社会需求的不断变化适时更新的结果，由此可见，应用文是以满足社会为己任的。例如：行政公文用来传达党和国家的方针政策以及用于各级机关单位之间沟通信息；各项规章制度和经济类文体可以用来规范社会秩序，培养良好的品格习惯；求职信、计划报告等文体能够帮助学生就业后更好地进入工作状态。

三、应用文的分类

按照应用文的内容和使用范围，应用文的分类十分广泛和复杂。为了便于高职学生学习使用，本书将应用文分为日常生活文书、大学生实用文书、企事业单位活动文书、经济文书和行政公文等几大类。

（1）日常生活文书是个人用来处理日常事务的应用文体，主要有便条、契据、启事、书信类等。

（2）大学生实用文书是在校学生在毕业和初步求职阶段所需要用到的文体，可以帮助学生完成毕业前夕的准备工作并能顺利地进入社会，包括实习报告、毕业论文、求职信、简历等。

（3）企事业单位活动文书是企事业单位及社会团体为反映问题、处理工作事务所使用的一类实用性很强的文体。这类文书一般都有沿袭下来的结构格式和语言表达，主要有策划书、倡议书、请柬、简讯、计划、总结等。

（4）经济文书指以国家财经政策和法律政策为依据，与财经活动、法律活动相关的公务文书。经济领域事务复杂多样，因此经济类文书也种类繁多，写法各异，本书主要介绍调查报告、意向书、招标书与投标书、合同的基本知识和写作技巧。

（5）行政公文指党政机关在履行职能、实施领导管理、处理公务时使用的有特定效力和规范体式的文书，如通知、请示、公告、通报、函、批复、决定等。

第二节　应用文写作基础知识

知识目标

（1）熟知应用文写作的基础知识。

（2）掌握应用文写作要素的特性。

能力目标

能够熟练运用写作结构和写作要求，能选择恰当的文种处理公务和日常事务。

一、应用文的主旨

应用文的主旨即文章的中心内容，是作者的主要看法和观点。应用文的主旨一般包括以下几个特征：

（1）先行性。应用文的根本作用在于处理和交代工作、生活中的某些事务，是一种工具性和记录性的写作文体，在写作之前，主旨已经确定，写作者应根据主旨搜集材料，结构分配、语言风格都需要围绕主题完成。

（2）单一性。工具类文体，尤其是行政公文类处理公务活动的文书，一般都具有一文一事的特点，为了达到处理具体事务便捷、准确的目的，有些公文类文书不允许多项事件在一篇文章里完成，如请示类文体，主送机关、报送事宜都不允许多头请示，需要多类事务请示的，可分为多篇文体解决。

（3）鲜明性。应用文中的结论、观点都要旗帜鲜明地表达出来，不能模棱两可，赞同什么、反对什么都要有明确的态度。如对于批示的回复，必须给出观点，如赞同或者不赞同、同意或者不同意，不能不给任何意见。这是机关工作的指南和准绳，不能似是而非，意图明确、清晰才能解决实际问题。

二、应用文的材料

任何一类写作文体都离不开材料，材料是构成应用文写作的基本要素之一，其主要有以下特征：

（1）真实性。文体内容的材料来源于生活，虽然可以对材料进行不同形式的加工和处理，但是应用文中所出现的名称、政策、基本法规、数据等必须是真实有效的。如行政公文中的报告、请示等所涉及的材料数据绝对不允许捏造和虚报，否则将会给工作带来极大的损失。

（2）典型性。材料的搜集可以广泛开展，所选取的材料必须是最有代表性和最具说服力的典型事迹、典型经验、典型问题，既能体现共性又能代表个性，既能体现一般性又能反映特殊性。

（3）新颖性。应用文的材料不同于一般文体，它是要用于反映现实问题、指导当前工作的，因此材料的选取必须能够反映事件的最新进展、人物的最新面貌、问题的最新数据、研究的最新成果，才能让领导和同仁了解事件发生、发展的第一手材料，给出有实际指导意义的指示，否则一切都是空谈。

三、应用文的结构

结构又称章法、布局，是文章内部的构造形式。好的结构能够保证主旨有条理地贯穿首尾，材料取舍、排列得当。应用文的结构相对来说灵活性较小，有相对稳定的模式化构成方式。

应用文的构成要素一般包括标题、受文对象、正文、署名和日期等。

应用文的层次划分形式一般有总分式、并列式和递进式三种。

（1）总分式：首先概括总体内容，然后条分缕析地展开论述。如《×××单位 2015 年工作情况报告》，先指出工作中取得了显著成效，为总体规划作出了新贡献，下面分别列出具体的事务条例、积极推进工作重点、认真解决重点难点问题，今后工作重点等几方面内容。

（2）并列式：将文章选取的观点和材料按照不同标准划分成各个种类，逐一列出各种类内容和问题。如《关于深化收入分配制度改革的若干意见》一文中，共分为七部分，包括改革的总体要求和主要目标、继续完善初次分配机制、加快健全再分配调节机制等，每一部分下面又分列不同问题项、小标题。

(3) 递进式：主要是根据问题发生、发展的先后顺序，按提出问题、分析问题、解决问题的顺序谋篇布局。如《国务院关于加强地质灾害防治工作的决定》一文中，“我国是世界上地质灾害最严重、受威胁程度人口最多的国家之一”为提出问题，然后分析地质灾害产生的原因即为分析问题，“为进一步加强地质灾害防治工作，特作如下决定”则为解决问题部分，总体详略得当、递进发展有序。

第三节 提高应用文写作能力的方法

知识目标

(1) 掌握应用文写作的基本能力。

(2) 熟知提高应用文写作能力的要素。

能力目标

在写作实践的基础上，找出应用文文体写作的基本规律，具备举一反三的写作能力。

一、提高自身逻辑思维能力

写作本身是一个作者理解、判断、推理的逻辑思维能力运作的过程。学生要在平时的工作和生活中注重思维能力的锻炼，应用文作为一种实践活动的记录和概括，要求写作者能够给出有效恰当的处理实际失误的方法。例如工作计划，不能将想要完成的任务和工作简单罗列，工作计划要有主次、先后之分，核心工作思路应始终贯穿整个文章，不能写成流水账，这就需要逻辑思维的能力。

二、培养搜集、整理、积累素材的能力

应用文写作的目的是满足人们从事某种活动的需要，或者只是单纯记录人们从事的具体活动，所以应用文的最主要特性之一就是真实性，所有文章中出现的案例、时间、人物和数据都必须真实，不可擅自篡改和造假。因此要想写好一篇有理有据的应用文体，平时就需要多下功夫，写作应用文时才可以事半功倍。比如：平时注意搜集最新时政信息，才能更地好把握政策方向，写作行政类公文时才能信手拈来；平时注意搜集整理各项数据信息，调查报告类文体才能写作得更快速、翔实、准确。

三、带入角色的能力

在应用文的写作中，每一项文体都有特定的受众，这就要求写作者把握好自己行文主体的角色定位。主体可以是党政机关、企事业单位或是个人，即便是采用同一种文体，因为主体不同，其行文方式和行文用语都有很大的区别。比如：处理行政公文类文体时，应突出庄重、严肃、明确；对于欢送辞类文体，重点要生动、通俗易懂。要站在受文机关和个人的角度上考虑问题，选用材料、组织语言都要有一定针对性和侧重点，不要一概而论。

四、多练习

通过阅读和学习，我们能够在工作和生活中了解到大量的应用文写作的知识和范例，

但是对于知识和规律的了解不等于能够熟练运用。只有通过多次下笔实践，才能在练习中不断提高写作水平。写好任何一篇文章都离不开背后大量的研习和修改，与工作生活密不可分的应用文写作，更是需要不断地实践。在每一次实践中，及时地发现问题、解决问题。可以在了解范例体式的基础上，先模仿着写，在初步掌握各个应用文种类的内容和表达侧重点后，找一个主题练习写作。有时自己很难发现写作中的漏洞和缺点，可以和有写作经验的人多交流学习，请他人帮忙修改调整。

五、掌握应用文的语言规律

和其他文学创作作品相比，应用文的用语更有代表性，更加程式化。要学好应用文，首先要了解应用文的常用语和各类应用文的语体规律，熟悉并掌握规范的用语，如通知中常见的“特此通知”，请示中常见的“妥否，请批示”，诉讼文书中出现的“裁决”“事由”“认定”，书信类文体中的“顺祝商祺”，征询期复类文体中的“当否，请批示”“盼”“拟请”，转发经办用语“批转”“业已”“遵照执行”，开篇介绍类用语“遵照”“鉴于”“关于”“收悉”“兹介绍”，等等。规范的用语是成功写作应用文的重要标志之一。

强调实用性的应用文，其语言也必然带有通俗、质朴的用词特征。尽量少用生僻词汇，少用华美的辞藻，要求文章的整体用语是朴实、客观的。有特定受文对象时，还要注意多用口语化的表达，比如欢迎词、开幕词等面对普通受众的应用文，要多用口语化的表达。

【思考与练习】

1. 应用文的写作特点是什么？
2. 应用文写作基础知识包括哪些要素？
3. 试举例论述如何提高自身应用文写作能力。

第二章　日常生活文书写作

第一节　条　据

知识目标

（1）熟知条据的定义、特点和种类。

（2）掌握条据的写作结构及写作注意事项。

能力目标

（1）能够熟练、准确地选择使用哪种条据。

（2）能够根据具体情况正确地撰写条据。

（3）会正确书写汉字的大写数字。

一、条据的定义

“条”即便条，“据”即单据，条据是指日常生活中作为某种凭据或告知、委托对方某事的一种应用文。

二、条据的特点

1. 凭证性

条据作为日常生活中的活动记录，具有凭证作用。特别是借条、欠条等，具有法律效力。

2. 简便性

条据的篇幅非常短小，往往两三句话甚至一句话即可。

三、条据的种类

按照条据的性质，可以分为以下两类。

1. 说明性条据

说明性条据如请假条、留言条。

2. 凭证性条据

凭证性条据如借条、欠条、收条、领条。

四、条据的写作结构

（一）说明性条据

1. 请假条

（1）标题：在第一行居中写“请假条”三个字即可。

（2）称谓：另起一行，顶格写，后面要加冒号。最好对批假人使用尊称，如“尊敬的王老师”“尊敬的王经理”等。

（3）正文：称谓下面另起一行，空两格，开始写正文。请假条最重要的内容是请假原因和请假的起止时间，一定要写清楚具体原因，不能只写“因事”“因病”。请假的起止时间要写清楚，例如：“从几点几分到几点几分”“从几月几号到几月几号”，不能只写“请假三小时”“请假两天”等。结尾处常用“请批准”“请予批准”等习惯用语。请病假时最好把医生的休假证明贴在请假条的下面或背面。

（4）祝颂语：一般情况下写“此致”“敬礼”即可。正文结束后，可以紧接正文写“此致”，不用另起一行；也可以另起一行，空两格写“此致”。“此致”的后面不加任何标点。在“此致”的下一行顶格写“敬礼”，后面可以加感叹号，也可以不加任何标点。可以只写“此致”，或者只在“此致”的位置写“祝安好”等语，不写“敬礼”。关于“此致”和“敬礼”的用法，也适用于后面的申请书、感谢信等文种。也可以省略祝颂语。

（5）落款：另起一行，靠右端写请假人的姓名，署名可以只写姓名，也可写成“请假人：张三”“学生：张三”“职工：张三”等。在姓名的下方写完整的年月日。

如果单位印制了表格式的请假条，就在相应的位置填写即可。印制好的请假条有两种，一种是不带存根的，另一种是带存根的。下面的空白请假条是不带存根的。

请假条

编号：　　　　　　　　　　　　　　　　　　　　　年　月　日

请假人		部　门		职　务	
请假原因					
请假时长					
批准意见			批准人		

例文评析

例文	评析
请假条	标题。
尊敬的王老师：	称谓。
我因昨天淋雨感冒发烧，不能坚持上课，需请假三天（2020年3月5日至7日），医生的休假证明附在背面，恳请您批准。	正文：1. 病情。2. 请哪三天假。3. 医生的休假　证明。
此致 敬礼	祝颂语。
学生：李四 2020年3月5日	落款。

病文评析

<table>
<tr><th>病文</th><th>评析</th></tr>
<tr><td>

请假条

我因身体不适，不能坚持上课，请假三天，请批准。
此致
　　敬礼

李四
2020 年 3 月 5 日

</td><td>

错误：
　1. 没有称谓。
　2. 正文的开头没有空两格。
　3. 患病情况不详，没有医生的休假证明。
　4. 没有写明是哪三天。
　5. “此致”应空两格或紧接正文，“敬礼”应顶格写。

</td></tr>
</table>

2. 留言条

（1）标题：可以用“留言条”作为标题，也可以省略标题。

（2）称谓：标题下另起一行顶格写称谓，后面要加冒号。称谓就是看留言条人的姓名，可以根据双方的关系来写，如果双方关系比较亲密，可以写昵称，如“东哥”“小丽”等。反之可以写“王先生”“尊敬的王先生”等。

（3）正文：另起一行，空两格开始写正文，用简洁的语句把要说的事情写清楚即可，使看条人一看便知。要注意的是：隐私或秘密的事情，不能写在留言条上。然后可以根据具体情况以及双方的关系，在正文的最后写“谢谢”“特此拜托”等礼貌性的话语。语气要谦恭有礼，不能用命令的语气。

（4）落款：正文结束后，另起一行靠右端署上留条人的姓名，并在姓名的下方写完整的年月日。

例文评析

<table>
<tr><th>例文</th><th>评析</th></tr>
<tr><td>留言条</td><td>也可省略标题。</td></tr>
<tr><td>尊敬的业主：</td><td>称谓。</td></tr>
<tr><td>　　为了做好新冠肺炎疫情的入户排查工作，居委会工作人员多次来您家都未能联系到您，请您回来后第一时间去居委会登记。
　　联系电话：12345678900</td><td>正文。</td></tr>
<tr><td>居委会主任：张三
2020 年 2 月 5 日</td><td>落款。</td></tr>
</table>

（二）凭证性条据

借条是个人或单位在借钱(物)时，写给对方的一种凭据式应用文。欠条是个人或单位在欠钱(物)时，写给对方的一种凭据式应用文。收条是收到钱(物)的一方写给对方的一种凭据式应用文。领条是领到钱(物)的一方写给发放者的一种凭据式应用文。如果是为别人代收(领)，落款处的姓名就要写代收(领)人的姓名，例如“代收(领)人：张三”。如果有印制好的表格，领取者在相应的空格里签名即可。

借条、欠条、收条、领条的结构基本相同，都有标题、正文和落款三部分。

1. 标题

在第一行居中写“借条”“欠条”“收条”“领条”，用较大的字号。

2. 正文

正文要另起一行，空两格开始写。正文写完后，另起一行空两格写“此据”或“特立此据”，后面可以加句号，表明正文到此为止，后面只有落款了，同时也能防止别人添加内容。

3. 落款

如果署名是个人，除了写姓名之外，双方经过沟通，决定是否再摁上手印。如果署名是单位，除了要写经手人的姓名之外，还要加盖公章。署名的下方要写完整的年月日。

例文评析1

例文	评析
借　条	标题。
今借到张三￥8000.00(人民币捌仟元整)，用于购买电动汽车，年利率为20%(佰分之贰拾)。2021年3月3日前连本带息以现金方式一次性归还。	正文： 1. 借款的用途。 2. 借款的金额和利息。 3. 还款日期。 4. 还款方式。
特立此据。	
李四 2020年3月3日	落款。

例文评析2

例文	评析
欠　条	标题。
本人因不慎撞伤张三，经与张三协商，需一次性赔付给张三￥8000.00(人民币捌仟元整)，今天只付给张三￥1000.00(人民币壹仟元整)，尚欠￥7000.00(人民币柒仟元整)，本人在2020年4月6日前以微信转账方式付清。	正文： 1. 欠款的成因。2. 欠款的金额。3. 付款日期。4. 付款方式。
特立此据。	
李四 2020年4月3日	落款。

例文评析3

例文	评析
收　条	标题。
今收到租房人张三所交房租￥3000.00(人民币叁仟元整)，用于2020年1月8日至2020年4月7日租住。 此据。	正文： 1. 收到的是房租。 2. 房租的金额。 3. 用于什么时间段居住。
李四 2020年1月1日	落款。

例文评析4

例文	评析
领　条	标题。
今领到工会所发一次性医用外科口罩100只。 此据。	正文： 1. 从哪里领到的。 2. 所领物品的名称和数量。
质检科：李四 2020年1月12日	落款。

五、条据的写作注意事项

(1) 用词要准确，不能有歧义。如“张三还欠款一百元整”，可以理解为张三已经归还对方一百元，也可以理解为张三仍旧欠对方一百元。

(2) 涉及的钱数、归还日期、归还方式、物品的名称、数量、种类、规格等，都要写在纸面上才有效，口头约定的无效。借钱(物)的原因虽然不是必须写，但是最好写上。出借人有权利知道自己借给对方的钱(物)是干什么用的。

(3) 时间要明确，比如还款时间和落款里的时间，都要写上完整的年月日。还款日期写成“某年某月某日之前还清”就比“三个月内还清”更加明确。

(4) 所借本金、约定的利率要写清楚，数额要用汉字大写数字和阿拉伯数字两种写法，还要加上“整”字，并且要写明币种。

(5) 落款里的姓名要和本人身份证上的姓名一致，双方协商决定是否把身份证复印件粘贴在条据上。

(6) 字迹工整，要用不易褪色的字迹材料书写，以便保存。写成后，不可随意更改，如需更改，应在更改处采用盖章、签名或摁手印等方式确认效力，以免发生误会。如果可以重新写，就再写一份，之前写错的那份作废。

（7）还款（物）时要记得索回条据。对方若称一时找不到借（欠）条，应该让其写一张收据留存，这样才不至于给日后留下隐患。

实训拓展

1．指出这张借条的错误，并且写一张正确的借条。

例文	评析
借　条 今从客运部借到轿车一辆。 小李 2020 年 3 月 3 日	

2．刘×同学的哥哥要出国，刘×想向王老师请一天假，去机场送哥哥登机。请你以刘×同学的名义写一张请假条。

知识链接

一、说说“此致”和“敬礼”

鲁迅经常和朋友通信，他通常在信的结尾处写“此致，即请道安”“此致，即颂暑祺”。“此”，不是指后面的“道安”“暑祺”，因为前面有“即请”“即颂”。

由此可知，“此致”和“敬礼”在词义上不存在任何直接关系，“此”，不是指后面的“敬礼”，不能理解为“在这里我给你敬礼了”。“此”是指前文，“致”有“尽”“结束”的意思，“此致”的意思是“我想说的话到这里已经说完了”。

二、借条与欠条的两点区别

（1）二者形成的原因不同。借条主要是因借钱（物）而产生，欠条则可能是因为买卖、租赁、损害赔偿等原因而产生的。借款一定是欠款，但欠款不一定是借款。

（2）如果是没有约定还款日期的借条和欠条，二者的诉讼时效是不一样的，借条的诉讼时效要长于欠条的诉讼时效。所以该让对方写借条时，一定不要写成欠条。

第二节　启　事

知识目标

（1）掌握启事的特点和种类。

（2）掌握启事的格式和写作的注意事项。

能力目标

能够根据具体情况，正确地撰写启事。

一、启事的定义

启事是指机关、团体和个人向公众说明特定的事项，或者希望得到公众帮助的一种应用文。可以通过报纸、刊物、电台、电视台等多种媒体公布，也可张贴在公共场所。启事的内容非常广泛，涉及社会生活的很多领域。

二、启事的特点

启事具有真实性、公开性、广泛性、实用性、自主性的特点。启事不具有法令性，也没有强制性和约束性，对于启事所写的内容，人们可以自主决定是否参与。

三、启事的种类

启事的种类很多，根据启事内容的不同，主要有以下三类：

(1) 寻找类启事：这类启事有寻人、寻物、招领启事等。

(2) 征招类启事：这类启事有招生、招聘、招商、求租、出租、征集、征婚启事等。

(3) 声明类启事：这类启事有开业、停业、迁址、更名、庆典启事等。

四、启事的写作结构

启事一般由标题、正文和落款三部分构成。

1. 标题

标题在第一行居中，标题有以下几种：

(1) 只用文种“启事”二字做标题。如果有重要或紧急的事情，可以写“重要启事”“紧急启事”。

(2) 只用事由做标题。如“招生”“招领”“寻物”“招聘”“求租”等，这样的标题简单明了。有些启事的标题还可以指明具体对象，如“寻书”“寻自行车”“招聘电工”“招领皮包”等。

(3) 事由＋文种。如“招聘启事”“迁址启事”“开业启事”“征婚启事”“换房启事”“招商启事”“寻人启事”“征稿启事”等。

(4) 启事者＋事由。如“××公司招聘”。

(5) 启事者＋文种。如“××公司启事”，这种标题让大家一看便知是谁发出的启事。

(6) 启事者＋事由＋文种。如“当代××文库征稿启事”“××公司招聘启事”。

(7) 启事者＋时间＋事由＋文种。如“××集团 2020 年度美食文化节标志物图案征集启事”。

(8) 创意性标题。如“招贤纳士”“招兵买马”“伯乐在找你”“非你莫属”“这里是你起飞的平台！”“宝贝，你在哪里？”等。

2. 正文

(1) 标题下面另起一行，空两格开始写正文。

(2) 正文是启事的主要部分，主要说明启事的目的、意义、联系方式、条件等。如果内容多，就逐条写。

(3) 用词准确、简练、通俗易懂，以免产生歧义；语气要礼貌、庄重而不失热情，给看到者留下好感。

(4) 篇幅尽量简短，一事一启。

(5) 启事不需要写祝颂语。

(6) 正文结束后，另起一行空两格写“此启”或“特此启事”，后面可以加句号，也可以不加任何标点。也可省略“此启”“特此启事”。

3. 落款

(1) 署名。正文结束后，另起一行，靠右端写发布启事的单位名称或个人姓名，以单位名义写的启事，还要加盖公章。如果在标题或正文中已写明单位名称，落款中可以不写单位名称，也可以写。

(2) 日期。日期写在署名的下方，要写上完整的年、月、日。

五、启事的写作注意事项

(一) 寻人启事

寻人启事里最重要的信息就是被寻人的各方面情况和启事人的联系方式。被寻人的姓名、性别、年龄、体貌特征、衣着、说话口音等内容必须写得非常详细，还要附上照片。

例文评析

例文	评析
寻人启事	标题。
张三，男，60岁，身高1.7米，光头，体型偏瘦，戴黑框眼镜，穿灰色短袖上衣，黑色长裤，黑色圆口布鞋，豫西口音，于2020年7月10日因与家人发生口角离家出走。家人十分想念，本人见到启事后速与家人联系！有知情者请与王先生联系，本人愿以人民币￥5000(人民币伍仟元整)酬谢！ 电话：12345678900	正文： 1. 被寻人的体貌特征等信息。 2. 愿付多少酬金。 3. 联系人和联系电话。 4. 附上照片。
启事人：王先生 2020年7月11日	落款。

(二) 寻物启事

寻物启事是丢失物品的单位或个人，希望公众在看到启事后，能够帮助其找回物品的一种应用文。寻物启事一般可以张贴于丢失物品的地点，或街巷较显眼的位置，有的寻物启事也可以刊登在报刊上。

寻物启事和遗失声明是不一样的，遗失声明强调的是当事人已经丢失的物品(如某个证件)在法律上失效了，而寻物启事强调的是当事人希望找回已经丢失的物品。

例文评析

例文	评析
寻物启事	标题。
本人不慎在2020年3月23日于8路公交车上丢失黑色公文包一个，内有身份证、驾驶证及发票数张，失主心急如焚，拾到者如能完璧归赵，本人愿以人民币￥500（人民币伍佰元整）酬谢！ 电话：12345678900	正文： 1. 丢失物品的时间、地点。 2. 丢失了哪些物品。 3. 愿付多少酬金。 4. 联系方式。
张三 2020年3月24日	落款。

（三）招领启事

招领启事是指拾到他人所遗失的物品，希望失主在看到启事后前来认领的一种应用文。

一般情况下，招领启事里只需简要写明启事者在何时、何处、拾到何物，写上联系电话或地址即可。例如：拾到的钱包内有多种物品，可列出物品的名称“内有身份证、银行卡及现金”。至于证件和银行卡的上面的姓名、卡号、钱包的颜色以及人民币的金额等详细信息，不宜写出，以防有人冒领。甚至可以不写钱包里有什么物品，只写何时何地拾到一个钱包，留下联系方式即可。

例文评析

例文	评析
招领启事	标题。
本人于2020年2月8日于一食堂西门附近拾到一个钱包，内有银行卡、身份证及现金，请失主速来17号公寓306室找张三认领。 联系电话：12345678900	正文： 1. 拾到物品的时间、地点。 2. 拾到了什么物品。 3. 联系方式。
张三 2020年2月8日	落款。

（四）招聘启事

招聘启事的开头可以写招聘原因、招聘单位的基本情况、所在的城市等。如果招聘单位的知名度较高，公众认可度较高，这部分可以简写，如“由于本公司业务规模的扩大，现急需招聘工程师五名”。如果是知名度不高或成立不久的单位，正好可以借此机会宣传自己。在招聘启事的开头简要介绍自己的产品、业务范围等，但是篇幅不能过多，否则就有点偏离“招聘”的主旨了。

例文评析

<table>
<tr><th>例文</th><th>评析</th></tr>
<tr><td>招聘启事</td><td>标题。</td></tr>
<tr><td>本餐厅主营湘菜，可以承办50桌酒席，现因工作需要，面向社会招聘服务员数名，男女不限，高中以上文化程度，年龄18至35岁之间，有相关经验者优先。聘用后，试用期一个月，试用期内月工资1000元。试用期满合格者签订聘任合同，月工资1500元(不含奖金)。应聘者来时请带上本人身份证和毕业证。
联系地址：××市××区××街××号××餐厅
联系电话：12345678900
联系人：王先生</td><td>正文：
1. 招聘原因。
2. 招聘条件。
3. 工资待遇。
4. 所需证件。
5. 联系方式。</td></tr>
<tr><td>××餐厅(章)
2020年3月20日</td><td>落款。</td></tr>
</table>

(五) 征集启事

征集启事是指某单位因工作需要面向公众征集符合自己要求的有关作品的应用文。征集的内容非常广泛，如征集品牌名称、厂名、徽标、文稿、对联、谜语、摄影作品、广告词等。启事者为了使更多人参与，以达到集思广益、优中选优的目的，常常会设置奖品，以吸引公众踊跃参与。

写征集启事时要注意以下几点：

(1) 征集的原因(背景)。如果是为学校征集校徽校训，可介绍该校的历史、取得的成就和社会地位。如果是为某个产品征集广告词，可介绍该企业的规模、主要产品以及经营状况。如果是文化活动，可介绍文化底蕴和社会价值。如果是为纪念某个特定的事件征集图片和实物，可以介绍该事件的来龙去脉和现实意义。

(2) 征集内容和征集要求。要写清楚本次活动要征集什么，具体要求有哪些。例如征集照片，就要写明格式、尺寸以及提交方式等。

(3) 评审、评奖的流程、是否缴费以及奖项设置等。

(4) 特别说明。例如：一旦提交作品，就视作作者同意某项约定。

(5) 联系电话、联系人、邮箱以及截止时间等。

(六) 更名启事

单位或报纸、刊物在更改名称时所写的启事就叫更名启事。更名启事一定要写清楚更改前的名称和更改后的新名称。同时还要在启事中声明一些有关事项，如单位的业务范围、隶属关系、银行账户、办公电话等是否有变化以及何时开始启用新的公章等，以避免日后产生不必要的麻烦。报纸、刊物的更名启事里还要写明办报(刊)的宗旨是否有变化，以及版面和栏目与以前相比有什么区别等。

更名启事的署名要写更改后的新名称。

（七）迁址启事

迁址启事是指单位在迁移地址时，通过各种媒体把迁址一事告知公众的应用文。现在有些基层单位把“迁址启事”写成“迁址公告”，这属于“公告”这一文种的滥用，基层单位一般无权制发公告。

写迁址启事时要注意下面几点：

（1）要突出新址的位置。迁址启事最重要的信息是告知大家迁新址了，因此一定要把新地址所处的地理位置、乘车路线、联系电话、迁址后业务是否有变化等问题交代清楚，以方便顾客找到新址，可以用醒目的字体、较大的字号突出新址。

（2）介绍业务时用语一定要简明，绝不能喧宾夺主，因为“迁址”才是重点。

（3）落款里的署名可写可不写，因为正文里已经包含了单位名称。日期必须要写。

（4）迁址的原因可写可不写。

例文评析

例文	评析
迁址启事	标题。
因业务需要，××**素食馆**将于2020年3月18日迁至健康路和友谊街交叉口西行50米路南，招牌不变。市内乘8路、40路、204路公交车市第一医院下车，医院对面即是××素食馆。本素食馆新增自助火锅，每位28元，欢迎新老顾客光临。 订餐电话：12345678900	正文。 1. 迁址原因。 2. 迁址时间。 3. 新址的具体地址。 4. 交通方式。 5. 新增业务。 6. 订餐电话。
2020年3月8日	落款

实训拓展

1. 由于拆迁，××书店迁到本市文明街与和平路交叉口东行100米路北，新增了旧书交流业务。请你为该店写一则迁址启事，乘车路线自拟。

2. 某市是一座历史悠久的文化名城，最近市文联准备举办第一届灯谜大会，面向全市征集灯谜，要求雅俗共赏，并且设有奖项。请你以此为题材，写一则征集启事，细节可以自拟。

知识链接

“启事”与“启示”的辨析

（1）“启事”，是为了向公众说明某事而写的文字。此处的“启”是“说”“陈述”的意思，“事”就是指所说的事情。“启事”是应用文的一个文种。

(2)“启示”，是指启发、指示，使人通过思考而有所领悟。此处的“启”，是“启发”“开导”的意思，“示”是指出来让人知道。“启示”只是一个词，不是应用文的文种。

可见，“启事”和“启示”是截然不同的，二者是不能通用的。

第三节　申请书

知识目标

掌握申请书的种类、格式和写作的注意事项。

能力目标

能够根据具体情况，正确地撰写申请书。

一、申请书的定义

申请书是个人或集体向有关组织表达某种愿望、提出某种请求时所写的一种应用文。

二、申请书的种类

(1) 按照出具申请书的主体分类，可以分为组织申请书和个人申请书。

(2) 按照申请书的内容(或目的)分类，可以分为入团、入党、困难补助、调换工作、转正、贷款、辞职、伤残鉴定、出国探亲、解决住房问题、参加某项活动、休学、进修、专利、民事再审申请书等很多种。

三、申请书的写作结构

1. 标题

标题在第一行居中，有两种写法：

(1) 只写文种“申请书”三个字。

(2) 事由＋文种。如“入党申请书”“调换工作申请书”“奖学金申请书”等，一般采用第二种标题。

2. 称谓

标题下面另起一行顶格写接受申请书的单位、组织或有关领导。如“尊敬的校领导”“敬爱的党组织”等，后面加冒号。

3. 正文

称谓下面另起一行空两格开始写正文，正文部分是申请书的主体。

(1) 开门见山，直接向领导、组织提出自己要申请什么，不要模棱两可。

(2) 说明理由，就是为什么申请，这次申请对于自己的意义以及自己对申请事项的认识。理由要实事求是，不能虚夸和杜撰，事项要写得清楚、具体，涉及的数据要准确无误，语言要简练，态度要诚恳、朴实。

(3) 申请书虽然也是一种书信，但是申请书不能像一般的书信那样随意。一般情况下，一份申请书只写一件事。

4. 结语

结语可以进一步表明自己的决心、态度。如“恳请领导批准”“如能得到领导批准，我将感激不尽”“请党组织在实践中考验我”“请党组织看我的实际行动”等。也可以写“此致”“敬礼”。

5. 落款

结语下面另起一行靠右端是署名的位置。以个人名义写的申请要写清楚申请者姓名，以单位名义写的申请要写清楚单位全称并加盖公章。然后在署名的下方，写上完整的年月日。

四、申请书的写作注意事项

（一）入党申请书

1. 正文主要包括的内容

（1）表明入党的意愿，如“我申请加入中国共产党”“我怀着激动的心情向党组织提出入党申请”。

（2）对党的认识和要求入党的动机。对党的认识，主要包括对党的性质、纲领、奋斗目标、宗旨、党的路线、方针、政策的认识；入党动机，就是参加中国共产党的目的，即为什么要入党。写这部分时，最好要联系自己的实际情况，比如，在听了党课或参观了博物馆里有关党史部分的展品之后，认识上有了哪些提高。

（3）个人履历、家庭成员和主要社会关系的情况。这部分也可单独写成《本人自传》。自传的主要内容有：姓名、出生年月、家庭出身、本人成分、学习和工作经历、家庭主要成员及社会关系的姓名、政治面貌、职业及工作单位。本人的政治历史情况（如受到的奖励、处分等），对重要情节要提出证明人。如果本人家庭成员和主要社会关系中，有人有政治历史问题，或者犯过什么错误、受到过刑事处分的，都要写清楚并表明自己的态度，以便让组织了解。请参考“入党自传材料的写法和要求”。

（4）自己的优缺点和今后的努力方向，即个人在政治、思想、学习、工作、作风、纪律等方面，哪些做得比较好，还有哪些缺点和不足，并向党组织表明改正的决心和努力方向，如何让自己的思想和行动都达到党组织的要求，早日入党。

2. 在写作过程中的注意事项

（1）尽量多写自己的实际情况，避免“千人一面”，没有新意。

（2）认真学习党的基本知识，不要只停留在字面上，要从思想上加深理解，最好能在思想深处有所触动。

（3）用语简练、朴实，语气庄重、诚恳。

（4）必须实事求是，所写情况绝对不能弄虚作假或隐瞒，必须对党忠诚、老实。

（5）字迹工整，用不易褪色的字迹材料书写，如碳素墨水。

3. 入党申请书和入党志愿书的区别

（1）入党申请书是由申请人自发向党组织提出入党申请的书面材料，只是表明申请人的个人态度，而填写入党志愿书则标志着组织上对申请人的态度。

（2）入党志愿书全称为“中国共产党入党志愿书”，是要求入党的发展对象经过一定时间的培养教育，达到一定的要求后，经党组织同意后才能填写的，未经党组织同意不能自行决定填写。

例文评析

例文	评析
入党申请书	标题。
敬爱的党组织：	称谓。
今天我怀着十分激动的心情，郑重地向党组织提出入党申请！	正文包括四部分： 1. 表明入党的意愿。
中国共产党是中国工人阶级的先锋队，同时是中国人民和中华民族的先锋队，是中国特色社会主义事业的领导核心。党的最高理想和最终目标是实现共产主义。中国共产党以马克思列宁主义、毛泽东思想、邓小平理论、“三个代表”重要思想、科学发展观、习近平新时代中国特色社会主义思想作为自己的行动指南。 我是一名大三学生，根据我以前学过的历史知识，我知道新中国成立前的旧中国，遭受着帝国主义、官僚资本主义、封建主义的三重压迫，处于水深火热之中。中国共产党带领着广大工农阶级，走出了一条光辉之路，挽救了中国，挽救了人民。新中国成立后，党又带领全国各族人民进行了社会主义改造，完成了从新民主主义到社会主义的过渡，确立了社会主义制度，走上了社会主义道路。历史已经并将继续证明：中国共产党是伟大而正确的党。我坚信，如果能加入党组织，在党组组的指导下，我一定会成长得更快，将来能更好地为人民服务，我愿意为党的事业奋斗终生！	2. 对党的认识和入党的动机，要联系自己的实际来写。
我出生在一个共产党员的家庭，我的祖父和父亲都是共产党员，他们的言传身教给我留下了不可磨灭的印记，那就是：没有共产党，就没有新中国。我上小学、中学时，看过《地道战》等多部经典的电影，电影里共产党员的英雄形象深深刻在我的记忆中，让我对党产生了崇拜。 上大学后，我的老师和学长中有几位党员，他们平时的言行散发着担当和热情，让我钦佩不已。随着不断学习党的知识，特别是上了党课以后，我对中国共产党有了更深刻、更清晰的认识。2020 年春节前后，在抗击新冠肺炎疫情中，有多少白衣天使喊出“我是党员，我先上！”在这场没有硝烟的战“疫”中，他们是最美逆行者，他们无疑是英雄，是我们的楷模。受这些英雄的影响，我希望早日加入党组织的心情愈加迫切。我对人生的意义有了更深入的认识。人的一生，或重于泰山，或轻于鸿毛。如果没	3. 个人履历(学历和工作经历)、家庭成员和主要社会关系的情况，这部分也可单独写成“本人自传”。

有追求与理想，人生就会碌碌无为；没有信念的人，就会迷失方向甚至迷失自我，难以到达理想的彼岸。要想成为新时代的优秀青年，就要向中国共产党——这个光荣而伟大的组织靠拢。我清醒地认识到：只有在党组织的激励和指导下，我才会有新的进步，才能充分发挥自己的潜能，为国家、为人民、为集体作出更多贡献。	
我在担任班长、学生会生活部副部长期间，时时处处严格要求自己，认真遵守学校的规章制度，尊敬老师，团结同学，做好老师的助手。刻苦学习，经常牺牲自己的课余时间帮助学习困难的同学。遇事积极思考，从不推卸责任。积极参加学校的集体活动。四次获得校级奖学金，三次被评为优秀班干部。我还参加过市级演讲比赛、国家级的建模比赛和英语竞赛，为学校赢得了荣誉。老师和同学对我有着较高的评价。我非常希望在学院领导、老师和同学们的教育和帮助下，早日成长为一名合格党员。 我深知，在我身上还有许多缺点和不足，比如在与人沟通的过程中有时候有些情绪化，处理问题还不够成熟等，我会尽我所能去改正。我经常在晚上睡觉前反省自己当天有没有不妥当的言行，经常提醒自己要按照党员的标准说话、做事。今后，我要继续用党员的标准严格要求自己，自觉接受党员和群众的帮助与监督，以身边优秀的共产党员为榜样，努力克服自己的缺点和不足。如果党组织能批准我的请求，我一定拥护党的纲领，遵守党的章程，履行党员义务，执行党的决定，严守党的机密，对党忠诚，积极工作，刻苦学习，为共产主义奋斗终生。如果党组织没有批准我的请求，我也不会气馁，我将继续努力，继续充实、提高自己，以更饱满的热情投入到工作和学习中去，以实际行动争取早日加入党组织。	4. 自己的优缺点和今后的努力方向。
请党组织在实践中考验我！ 此致 敬礼	结语：表示决心和敬意。
申请人：张三 2020 年 4 月 5 日	落款。

（二）困难补助申请书

困难补助申请书的重点是：实事求是地向领导说明自己目前的困难，期望得到什么帮助。值得强调的是：在说明自己面临的困难时，不要把困难夸大，期望得到的帮助也要切实可行。

例文评析

例文	评析
困难补助申请书	标题。
尊敬的校领导：	称谓。
我叫张三，是我校经管学院2019级工商管理专业研究生。听说学校要给家庭困难的学生办理困难补助，我根据自己家庭的实际情况，经过再三考虑，决定向学校领导申请困难补助。	正文。 1. 说出自己想申请什么。
我来自××省的一个小山村，一家六口人，上有爷爷奶奶、父亲母亲，下有一个弟弟正在上学，一家人的生活费用都来自父母种的那几亩薄田。上个月爷爷突发脑出血，家庭更加不堪重负。	2. 实事求是地说明自己面临的困难。 3. 诚恳地表明自己非常想得到困难补助。
我最近利用业余时间做一些兼职，但是和家里沉重的经济负担相比，无异于杯水车薪，现在只能求助于学校领导，恳请学校领导予以批准。如果我能够得到这笔补助金，对我的家庭会有很大帮助。今后，我会更加努力地学习，尽己所能回报父母、学校和社会。	4. 表明如果得到补助金，自己决心怎样做。
此致 敬礼	结语。
学生：张三 2020年3月5日	落款。

实训拓展

张三在××有限责任公司销售处工作了三个月，试用期已满，请你代他给人事处写一份员工转正申请书。

第四节　证明信

知识目标

(1) 熟知证明信的特点。

(2) 掌握证明信的格式和写作的注意事项。

能力目标

能够根据具体情况，正确地撰写证明信。

一、证明信的定义

证明信是组织或个人凭借确凿的证据证明某人的身份、经历或某件事情的真实情况所使用的一种专用书信，也可称作“证明”。

二、证明信的特点

1. 凭证性

证明信就是用来证明持信人的身份、经历或某件事情的真相，也就是说，证明信里所写的都是真实的，因此具有凭证的作用。

2. 书信体的格式

证明信是一种专用书信，在格式上和普通的书信有共同点，但是在用语上比较严谨庄重，语气上以平实的叙述为主，而普通书信比较随意，可以用描写、抒情等表达方式。

三、证明信的种类

（1）根据出具证明信的主体，可分为以组织名义出具的证明信和以个人名义出具的证明信。

（2）根据证明信的内容，可分为很多种，如在职证明、诊断证明、退伍军人证明、志愿服务证明、情况证明、户籍证明等等。

（3）从外观上看，有的证明信带存根，有的不带存根。带存根的证明信有横向和纵向两种。

四、证明信的写作结构

1. 标题

标题应在第一行居中，有两种写法：

（1）只写文种，如“证明信”“证明”。

（2）事由＋文种，如“实习证明”“贫困证明”或“有关××问题的证明”等。

2. 称谓

如果有明确的主送单位，就在标题下另起一行顶格写接收证明信的单位的全称，后面加冒号。有些通用的证明信也可以不写主送单位。

3. 正文

称谓下面另起一行空两格开始写正文。正文是证明信的主体部分，用语要简明扼要、真实、准确地叙述被证明的事实，然后另起一行空两格写“特此证明”。“特此证明”的后面可以加句号。

4. 结语

结语可以写“此致”“敬礼”，也可不写，位置如前文所述。

5. 落款

另起一行靠右端署上出具证明信的单位全称，并加盖公章，单位全称的下方写完整的年月日。以个人名义出具的证明信，署上出具人的姓名和日期即可，也可以再摁上手印。

五、证明信的写作注意事项

1. 实事求是

应当本着高度负责的态度，不得徇私情而出具与事实不符的证明，更不能出具假证明。

2. 措辞严谨

措辞要明确、肯定，不能模糊，不能用“大概”“据分析”等语。

以个人名义出具的证明信，最好还要由出具人所在单位签署意见，内容大致包括：

(1) 对该人进行客观评价，以便接收证明信的一方了解该人的基本情况，据此判断证明材料的可信度。例如：“李×系我单位员工，该同志在工作中遵守纪律，诚实守信，各方面表现良好”。

(2) 对证明信内容的态度。如果单位对该证明信的内容持肯定态度，可在证明信上注明“以上内容属实”“情况属实”。

单位的意见写在证明信的下方空白处即可。

例文评析

例文	评析
进修证明	标题。
	通用证明信，可不写称谓。
兹证明张三同志从2019年9月1日至2020年1月10日曾在我校经管学院工商管理专业进修“工商管理”课程，成绩合格。 特此证明。	正文： 1. 什么时间。 2. 在哪里进修。 3. 进修什么课程。 4. 成绩。
××大学经管学院(盖章) 2020年2月6日	落款。

例文评析

例文	评析
证　明	标题。
××局：	称谓。
张三系××新村5号院的居民，自2020年1月8日至今，一直在该小区居住，没有去过疫区。 特此证明。	正文。
××街道办事处(盖章) 2020年3月6日	落款。

实训拓展

张三在某大学就读，父母务农，有两个弟弟在上学，家庭年收入约八千元，爷爷多年卧病在床，需要常年吃药，每月需要药费约八百元。请你为他写一份贫困证明。

第五节　介绍信

知识目标

（1）掌握介绍信的特点。

（2）掌握介绍信的格式和写作的注意事项。

能力目标

能够根据具体情况，正确地撰写介绍信。

一、介绍信的定义

介绍信是国家机关、社会团体、企事业单位派出人员到其他单位联系工作、了解情况或参加各种有关活动时，由被派出的人员随身携带的函件。

二、介绍信的特点

1. 证明性

介绍信兼具介绍和证明的作用。看信人可以从信中了解到持信人的身份、此行的目的以及看信人应该如何配合。介绍信能够增强看信人对持信人的信任，从而便于工作顺利展开。

2. 时效性

介绍信还赋予了持信人一定的责任和权利。比如，在某次会议期间，持信人可以在介绍信的有效期内，凭介绍信免费入住某宾馆，可以自由出入会场。所以，介绍信一般都会规定有效期，超过这个有效期就失效了。

三、介绍信的种类

（1）根据内容，介绍信可以分为很多种，如干部介绍信、调查材料介绍信、调动工作介绍信、组织关系介绍信、律师会见在押犯罪嫌疑人、被告人专用介绍信等。

（2）根据外观，介绍信可以分为书信式介绍信和印刷式介绍信。本节主要讲解这两种介绍信。

四、介绍信的写作结构

（一）书信式介绍信

用印有单位名称的信笺书写，格式与一般书信基本相同。

1. 标题

标题应在第一行居中，有两种写法：

（1）只写文种“介绍信”三个字。

（2）事由＋文种，如“毕业生实习介绍信”。

2. 称谓

称谓在标题下面另起一行，顶格写收信单位的名称或收信人的姓名，姓名后加“同志”“先生”“女士”等称谓，再加冒号。

3. 正文

在称谓下面另起一行，空两格开始写正文，一般不分段。要写清楚以下内容：

(1) 派出人员的姓名、人数、政治面貌、职务等。如果派出人数较多，可写成“张三等×名同志”。

(2) 说明所要联系的工作、接洽的事项等。

(3) 向收信单位或收信人提出的希望和要求等，如“请予接洽”“请大力协助为盼”等。

4. 结语

结语指“此致”“敬礼”等，位置如前文所述。

5. 落款

落款要写明出具介绍信的单位名称和完整的年月日，并加盖公章。落款的位置如前所述。

6. 附注

在落款的下面另起一行顶格写附注，注明介绍信的有效期限，具体天数用汉字大写，如“有效期叁天”“有效期截止到××年×月×日”。可以把附注写在圆括号里，也可以不用任何符号。在实际工作中，有的介绍信把附注写在落款的下面另起一行空两格或靠右的位置，有的在结语和落款之间，有的和落款里的日期在同一行靠左的位置。笔者在网上看了很多介绍信的图片，有效期的位置比较多见于落款的下面一行。

(二) 印刷式介绍信

这是一种印有固定格式的介绍信，外观上是簿册式的，有的印有存根，有的没有存根。这种有存根的介绍信便于出具介绍信的单位查询，使用时在相应的空白处填写即可，填完后就撕掉正式联，交给持信人携带，出具介绍信的单位留下存根联。介绍信在外观上有两种：一种是纵向使用，即从下往上翻页的，存根部分在一页的上部；另一种是横向使用，即从右往左翻页的，存根部分在一页的左侧。本书以第一种为例。

印刷式介绍信一般由存根联、间缝和正式联三部分构成。

1. 存根联

存根联包括以下四部分内容：

(1) 标题。存根部分的第一行居中写有“介绍信”三个字，后面的“存根”二字用圆括号括起来，也可以不用括号。

(2) 发文字号。在标题的下面另起一行靠右端或居中印有发文字号，如“市教字×号”“县商字×号”等。

(3) 正文。另起一行空两格写介绍信的正文，其具体内容与书信式介绍信基本相同。

(4) 落款。只写时间即可，不必署名，因为存根仅供本单位在必要时查询。

2. 间缝

存根联同正式联之间有一条虚线，虚线上印有“××字第×号”。这里可按照存根的发文字号填写。数字要用汉字大写。从虚线处撕开后，字迹在存根联和正式联各留一半。同时，应在虚线上加盖公章。

3. 正式联

正式联包括标题、发文字号、称谓、正文、结语、落款和附注七部分。其中，标题和正文两部分内容与存根联基本相同，而称谓、结语和落款则可参考书信式介绍信，正式联的落款处要加盖公章。发文字号要和存根联、间缝的发文字号相同。

五、介绍信的写作注意事项

（1）重要的介绍信要留存根或底稿，有些重要的介绍信要经领导过目或在存根上签字，以备查询。

（2）书写工整，不得随意涂改。若有涂改，必须在涂改处加盖公章，否则收信方可以不予接待。

（3）措辞要谦虚有礼、态度诚恳、实事求是。

（4）不可将盖有公章的空白介绍信交给派出人员自行填写。

例文评析

1. 印刷式介绍信

例文	评析
介绍信(存根)	标题。
××字第×号	发文字号。
张三前往××有限责任公司商谈第三届产品展销会有关事宜。	正文简单书写，以备单位内部查考。
2020年3月6日	出具日期。
……………………××字第×号……………………	虚线处盖公章。
介 绍 信	标题。
××字第×号	发文字号。
××有限责任公司：	称谓。
兹介绍我公司张三同志前往你处商谈第三届产品展销会有关事宜，望予接洽为盼！	正文。
此致 敬礼	祝颂语。
××公司(盖章) 2020年3月6日	落款。
(有效期叁天)	附注。

2. 书信式介绍信

例文

介绍信

××有限责任公司：

　　兹介绍我公司张三同志前往你处商谈第三届产品展销会有关事宜，望接洽为盼！

　　此致

敬礼

××公司（盖章）

2020 年 3 月 6 日

有效期截止到 2020 年 3 月 9 日

评析

标题。

称谓。

正文：

1. 派出人员是谁。

2. 去哪里、有什么事。

祝颂语。

落款。

附注。

实训拓展

指出下面的介绍信有哪些错误。

病文

介绍信

××市卫生局：

　　兹介绍我公司张三同志前往你局商谈人才引进等有关事宜，请予接洽！

　　此致

敬礼

2020 年 4 月 2 日

（有效期 3 天）

评析

第六节　表扬信

知识目标

掌握表扬信的格式和写作的注意事项。

能力目标

能够根据具体情况，正确地撰写表扬信。

一、表扬信的定义

表扬信是对被表扬者的事迹和优秀品质进行颂扬的一种应用文。

表扬信可以直接送给被表扬者，也可以张贴在被表扬者所在的单位或住所，还可以通过电台、电视台、报社等媒体进行表扬。

二、表扬信的种类

1. 根据表扬者和被表扬者的关系分类

根据表扬者和被表扬者的关系，表扬信可分为两种：

（1）上级对下级、组织对个人进行表扬的表扬信。

（2）群众之间进行表扬的表扬信。

2. 根据被表扬者的身份分类

根据被表扬者的身份，表扬信可分为两种：

（1）表扬组织的表扬信。

（2）表扬个人的表扬信。

三、表扬信的写作结构

1. 标题

标题可以只写文种“表扬信”三个字，位置在第一行居中，用较大的字号。

2. 称谓

应在标题下面另起一行，顶格写被表扬的组织名称或个人的姓名，后边加冒号。写给个人的表扬信，应在姓名后面加上“同志”“先生”等字样。在生活中，即使是表扬个人的表扬信，称谓也多写成被表扬者所在单位。

3. 正文

称谓下面另起一行，空两格开始写正文。一般包括以下内容：

（1）被表扬的事迹。要用叙述的方式，实事求是地把被表扬者的事迹写清楚。

（2）指出该事迹的意义。在叙述的基础上进行客观评价，适度地赞扬被表扬者的可贵品质及其行为的重要意义。

（3）结尾。结尾部分要对被表扬者提出表扬，或者向被表扬者所在单位提出建议，希望单位对其给予表扬。如“某同志的优秀品质值得大家学习，建议贵单位予以表扬（奖励）”等。

4. 祝颂语

一般写上“此致”“敬礼”，位置如前文所述。

5. 落款

祝颂语结束后，署上写信者的单位全称或个人姓名及完整的年月日，位置如前文所述。如果是以单位名义写的表扬信，还要在落款处加盖公章。

四、表扬信的写作注意事项

（1）叙事要实事求是。要准确无误，既不夸大，也不缩小。要恰如其分地给予评价。

（2）语言简洁。叙事的篇幅不宜过长，重点是通过叙事反映出对方的可贵品质。

（3）措辞要热情、诚恳，流露出真实的感情，不要堆砌华丽的辞藻。

例文评析

例　文

表扬信

××市第一中学：

2020年3月1日中午，由于我的孩子独自在家玩打火机，造成一场火灾，当时我尚未下班。贵校学生刘×正好从楼下经过，发现火情之后，不顾危险冲到屋里，用钳子打碎阳台玻璃，把我的孩子抱到阳台外面的空调室外机上，一边抓牢孩子，一边大声呼救。几分钟后，消防车赶到，消防员把刘×和我的孩子救了出来。大火终于被扑灭，我的孩子只受了一点点皮外伤，刘×同学的头发被烧焦，头部的部分皮肤和胳膊被烧伤。刘×同学的英勇表现体现了舍己为人的自我牺牲精神，为社会传播了正能量。

刘×同学的英勇表现感动了所有在场的人，我们除了向他学习之外，特地写信向贵校建议，请贵校领导对刘×同学的事迹予以表扬。

此致

敬礼

张三

2020年3月6日

评　析

标题。

称谓。

正文：

1. 表扬的理由，叙述事件的来龙去脉。

2. 对此事进行评价，指出该行为的意义。

3. 结尾部分建议学校对其进行表扬。

祝颂语。

落款。

实训拓展

张三出差，在××宾馆住宿时，不小心弄丢了身份证，服务员李四本来要下班了，可是却不顾疲惫，积极为张三寻找，经过一个多小时，终于找到了身份证。请你根据以上材料，以张三的名义给李四写一封表扬信。

第七节　感谢信

知识目标

（1）熟知感谢信和表扬信的区别。

（2）掌握感谢信的格式和写作的注意事项。

能力目标

能够根据具体情况，正确地撰写感谢信。

一、感谢信的定义

感谢信是向帮助、支持过自己的组织或个人表示感谢的一种应用文。它兼有感谢和表扬的双重意义。感谢信可以直接送给被感谢的组织或个人，也可以张贴在被感谢者所在的单位或住所，还可以通过电台、电视台、报社等媒体播出、刊登。

表扬信与感谢信都是对他人的优秀品行给予肯定与表扬，但二者的侧重点不一样。表扬信侧重于表扬，可以不是受益人自己写，例如：当某位旁观者亲眼目睹了某件事时，认为应该表扬某人，这位旁观者也可以写表扬信。感谢信侧重于感谢，是受益人写的。

二、感谢信的种类

根据感谢对象的不同，感谢信可以分为两种：

（1）写给个人的感谢信。

（2）写给组织的感谢信。

三、感谢信的写作结构

1. 标题

标题应在第一行居中，有三种写法：

（1）只写文种“感谢信”三个字。

（2）感谢对象＋文种，如“致张×同学的感谢信”“致××物业公司的感谢信”。

（3）感谢者＋感谢对象＋文种，如“赵×全家致××公寓保安李×的感谢信”。

如果标题太长，可以把标题里的“感谢信”三个字移至第二行的中间位置。

2. 称谓

称谓要另起一行顶格写，后面加冒号。称谓就是接受感谢信的一方，即感谢对象。

3. 正文

称谓的下面，另起一行空两格开始写正文。正文要包括以下几部分：

（1）写感谢信的目的：开门见山，直接说明自己对谁表示感谢。

（2）叙述事迹：用简洁的语言叙述感谢对象的优秀事迹。

（3）表示感谢：指出感谢对象的优秀品质和奉献精神令自己非常感动，发自内心地流露出感激之情即可；还可以表明自己要向感谢对象学习的态度和决心。

4. 祝颂语

祝颂语可以写“此致”“敬礼”，位置如前文所述。也可以只在“此致”的位置写“致以最诚挚的敬礼”等语。

5. 落款

祝颂语结束后，署上写信者的单位全称或个人姓名及完整的年月日，位置如前文所述。如果是单位写的感谢信，还要在落款处加盖公章。

四、感谢信的写作注意事项

1. 实事求是

客观地叙述事件的来龙去脉即可，不能言过其实，更不能虚构情节。

2. 语言简洁

叙事的篇幅不宜太长，要注意详略得当，重点是在关键时刻感谢对象是如何做的，对自己给予了哪些帮助。

3. 感情真挚

要由衷地表达感激之情，不要给人以敷衍的感觉。

例文评析

例文

感谢信

尊敬的张×护士长：

我是您的患者张三，我非常感谢您在我住院期间给予我细致入微的关心和照顾。

2020年3月10日，我因新冠肺炎住进了重症室。您在给我喂饭时，每喂我一口饭，都要给我摘下来面罩，为了避免面罩压住我的脸影响我吃饭，您每次都是用一只手托着面罩，用另一只手喂饭。一个包子、一碗小米粥喂完，就要一小时左右。除了给我喂饭，其他方面对我也是非常细致、周到。从您那双布满血丝的眼睛，我知道您太累了，但是您从来没有在病人面前表现出不耐烦。虽然您戴着口罩和眼罩，我也能看出来您在微笑，那是面对亲人的微笑。十几天过去了，我要转到轻症病房，就要和您分开了，但是我深深铭记您对我无微不至的照顾。您不愧是“白衣天使”，您的高尚品德和职业操守值得我们学习！

我和我的全家向您致以最真诚的感谢！

患者：张三

2020年3月7日

评析

标题。

称谓。

正文包括三点：

1. 概括叙述感谢的理由并表达谢意。

2. 具体叙述对方的事迹。

3. 评价该行为的意义，并表示感谢。

祝颂语。

落款。

实训拓展

张三的父亲张×在住所附近走失了，当地的派出所民警李四在菜市场发现张×站在市场里东张西望。经过简单询问，李四初步判断张×找不到家了，于是李四把张×领到派出所，为其买来饭菜并且耐心安慰。同时李四给张三打电话告知此事，张三因此非常感谢李四。请你以张三的名义给李四写一封感谢信。

第八节　慰问信

知识目标

掌握慰问信的格式和写作的注意事项。

能力目标

能够根据具体情况，正确地撰写慰问信。

一、慰问信的定义

慰问信是以组织或个人的名义在他人处于特定的情况下(如大病、大灾、事故、失去亲人等),或在节假日,向对方表示问候、关心的应用文。慰问信一般是上级写给下级,同级之间也可以互相慰问。

“慰问”和“慰劳”两个词是有些区别的。“慰问”一词重在“问”字,侧重于精神层面,就是用真诚的话语使得对方心理上得到安慰,物品不一定是必须准备的。“慰劳”当然也需要话语,但是更侧重于物质层面,物品一般是必须要有的。

二、慰问信的种类

1. 根据写慰问信的主体分类

(1) 以组织名义写的慰问信。

(2) 以个人名义写的慰问信。

2. 根据慰问信的内容分类

(1) 表示同情安慰的慰问信。这种慰问信一般带有悲伤的感情。

(2) 表示节日问候的慰问信。这种慰问信一般带有愉快的感情。

三、慰问信的写作结构

1. 标题

标题应在第一行居中,有三种写法:

(1) 只写文种“慰问信”三个字。

(2) 慰问对象+文种,如“致沈×的慰问信”“致×市交警第六大队的慰问信”等。

(3) 慰问者+慰问对象+文种,如“××市政府致环卫工人的慰问信”。

如果标题太长,可以把“慰问信”三个字移至第二行的中间位置。

2. 称谓

称谓要另起一行顶格写,写清楚接受慰问的一方。如果接受慰问的是单位,要写单位全称;如果接受慰问的是个人,要在姓名之后加上“同志”“先生”“师傅”等语,后面要加冒号。

3. 正文

另起一行,空两格开始写正文。正文应该包括以下几部分:

(1) 简要说明写慰问信的原因,如对方在工作中的良好表现,或对方遇到了困难或不幸。

(2) 叙述对方的模范事迹,或者叙述“我们”(即写慰问信的一方)为遭遇困难或不幸的一方做了什么,并向对方表示慰问。

(3) 结合当前的形势提出希望,鼓励对方再创佳绩,或者勉励大家齐心协力共渡难关。

4. 落款

署上写慰问信的单位全称或个人姓名及完整的年月日,位置如前文所述。如果是以单位名义写的慰问信,还要在落款处加盖公章。如果写慰问信的单位、个人不止一个,也都要逐一写上。

四、慰问信的写作注意事项

（1）要及时、适时地慰问。

（2）措辞要恳切，针对慰问对象的心理需求，要让慰问对象感受到慰问者的真诚。

例文评析

例文	评析
致援鄂医疗队全体队员的慰问信	标题。
可亲可敬的援鄂医疗队全体队员：	称谓。
你们辛苦了！值此新春佳节，中共××省委、××省政府向援鄂医疗队全体队员表示最诚挚的慰问！同时向那些默默支持你们工作的家人致以最崇高的敬意！	正文。 1. 慰问的原因。
2020 年春节，新型冠状病毒肆虐，面对这场没有硝烟的战争，你们纷纷写下请战书，摁下红手印。“我是党员，我先上”“疫情当前，医护有责”“病毒不退，我们不退”……这些呐喊，是时代的最强音，是大战在即的号角。你们舍弃合家团聚，不顾个人安危，作为我省第一批援鄂医疗队连夜奔赴抗疫前线，白衣变战袍，用自己的生命为大家筑起了一道长城！ 你们的双手被消毒水侵蚀，你们的皮肤被口罩勒出沟痕，你们当中有不少年轻的姑娘，她们为了方便工作，不惜剃掉长发，试问哪个姑娘不爱美？但是，她们知道，自己不仅是“白衣天使”，更是“白衣战士”，她们是最美逆行者！	2. 慰问对象的事迹。
众志成城，共克时艰，大家心往一处想，劲往一处使，我们坚信，在中国共产党的坚强领导下，在全国人民的全力支持下，我们一定能取得抗疫的全面胜利！ 衷心祝愿你们身体健康、工作顺利！期待你们早日凯旋！	3. 勉励大家共渡难关。
中共××省委　××省政府（公章） 2020 年 2 月 3 日	落款。

实训拓展

请你以××有限责任公司总经理张三的名义给公司全体员工写一封春节慰问信。

【思考与练习】

一、判断题

1. 留言条可以没有标题。（　　）

2. 便条就是篇幅非常短小的书信。（　　）

3. 请假条里的请假原因可以写“因事”“因病”。(　　)

4. 借条和欠条一样，二者可以通用。(　　)

5. 留言条里不能写涉及隐私或秘密的事情。(　　)

6. 申请书的称谓一般只写一个，而且要确指。(　　)

7. 以个人名义出具的证明信，最好由个人所在单位签署意见。(　　)

8. 介绍信兼有介绍和证明的作用。(　　)

二、简答题

1. 写招领启事时，有哪些注意事项?

2. 写申请书时，有哪些注意事项?

3. 表扬信和感谢信有什么区别?

4. 介绍信和证明信有什么区别?

三、实训题

1. ××市第一塑料厂财务科的张三收到了第一车间的捐款1869元，请你以张三的名义写一张收条。

2. 山东××集团派遣张三、李四两人前往上海××公司进行为期十天的参观学习，请你为他们出具一封书信式介绍信。

3. 张三同志于2019年5月8日从××大学调到××律师事务所，该事务所希望××大学出具张三同志工作经历及表现的证明。张三同志，男，出生于1984年7月，中共党员，2011年10月至今在××大学工作，担任科研处处长一职。他在任职期间，工作上认真负责，业务能力强，多次被评为校级先进工作者，深受领导和同事的好评。请你根据以上材料，以××大学的名义给××律师事务所写一封证明信。

第三章　大学生实用文书写作

第一节　毕 业 论 文

知识目标

（1）了解毕业论文论文的特点和基础知识以及论文撰写方法。

（2）掌握毕业论文基本写作技能、写作格式和要求等。

能力目标

（1）培养学生对信息收集与处理、组织材料与筛选的能力。

（2）培养学生结合所学专业知识搜集材料，熟练运用所学文种知识撰写与本专业相关毕业论文的能力。

一、毕业论文的定义

毕业论文是高等院校学生修业的最后一学年(学期)，在教师指导下完成并提交的一篇具有学术价值的文章。毕业论文写作是大学教学计划中的重要部分和实践环节，旨在培养学生的科学研究能力，是其他教学环节所不可替代的。毕业论文是对学生综合运用所学知识、理论和技能解决实际问题的训练，是对学生学习成果的综合检查。学生在撰写论文的过程中，通过科学研究选题，查阅、评述文献，制定研究方案，设计进行科学实验或社会调查，处理数据或整理调查结果，对结果进行分析、论证并得出结论，撰写论文等能力得到初步训练。毕业论文锻炼了学生初级科学研究能力，并在一定程度上培养了创新能力，为以后进一步学习深造和实际工作打下了一定基础。

由于学历层次的不同，考查要求的程度也不同。如对硕士研究生和博士研究生，要求其毕业论文是学术论文，具有独创性；而对于大专生和本科生，则主要考查其对已学理论知识的实际应用能力。

二、毕业论文的特点

毕业论文本质上属于学术论文，具有以下特点：

（1）学术性。学术性是毕业论文的本质属性。它体现为论文作者对某一学科问题的本质与规律的研究和对研究成果的科学表达，以专门性和创新性为主要特色，要求在立论、论证、研究方法和结论方面具有较高或一定的学术价值。

（2）科学性。科学性是毕业论文的基石。它要求作者的论题必须正确，结论符合客观规律，应用的材料必须确凿无误，尊重科学事实而不主观臆造。论文研究成果的形成应以科学的世界观和方法论为指导，以客观的材料和科学的理论为基础，用恰当的科学方法和严谨的科学态度去观察事物、分析材料、总结规律，从而得出可靠和可信的结论。科学的世界观和方法论主要包括辩证唯物主义、历史唯物主义等。此外，常用的研究方法有：定义法、归纳法、演绎法、共时法、历时法、对比法、文本阐释法、统计法、批评法等。近年来用不同视角进行对某一问题进行深入研究也比较普遍，如采用哲学、伦理学、心理学、社会学、文学等视角。论文的科学性还体现在其成文过程中的论述系统也应该是正确而完整的，做到首尾连贯，前后不矛盾。

（3）创新性。创新性是毕业论文的灵魂。没有创新性，论文的价值无从谈起。创新性要求毕业论文在写作时能用与众不同的新观点和新视角去研究问题，得出新的结论。作者可以在继承前人探索研究的基础上有所创新、有所发展，能对自己研究的课题提出新的观点、新的构想，或者对某些错误、疏漏之处进行必要的修正和完善。

创新性主要体现为选题新颖，研究方法独特，选用第一手材料并且用新的观点和视角分析这些材料。创新性还体现在内容上有创见，研究方法上有创新之处，得出的结论有一定的学术、实用或者认识价值。因此，论文写作是一种创造性活动，绝不是重复、抄袭、模仿前人的工作。

（4）规范性。规范性是毕业论文的特质属性。毕业论文也是学术论文，写作应遵循一定的格式。毕业论文的基本格式包括论文整体结构格式、行文空格空行格式、标题页格式、提纲格式、引语格式、注释格式、参考文献格式等。

（5）特殊性。毕业论文的特殊性表现在：

① 综合考查已学知识的应用能力。其主要考查：运用已学到的专业知识分析问题、解决问题的能力；查询专业资料的能力；运用计算机分析和处理数据的能力；语言表达能力和文章撰写能力。

② 培养创新意识，要求学生在确立选题时应使其具有新颖性和实践性。

三、毕业论文的写作结构

根据国家标准化管理局颁布的GB7713—1987《科学技术报告、学位论文和学术论文的编写格式》的要求，毕业论文的格式应当由标题、作者署名、摘要、关键词、前言、正文、结论、注释、致谢、参考文献等部分构成，如图3-1所示。

- 毕业论文
  - 封面：标题、单位名称（专业、班级）、姓名、指导教师、完成时间
  - 目录
  - 正文
    - 前置部分
      - 标题
      - 摘要
      - 关键词
    - 主体部分
      - 绪论
      - 本论
      - 结论
    - 文尾部分　参考文献
  - 封底

图3-1　毕业论文格式图

1．标题

一篇论文的标题不仅是对论文内容的高度概括，而且还要吸引人，让人有兴趣读下

去，是对论文标题的更高要求，因此要精心设计。标题是否吸引人，在一定程度上影响着指导老师对学生毕业论文的成绩判定。

毕业论文的标题一般分为总标题、副标题、分标题几种。

1）总标题

总标题是文章总体内容的体现。常见的写法如下：

（1）揭示课题的实质。这种形式的标题往往就是文章的中心论点，高度概括全文内容，便于读者把握全文内容的核心。如《螺杆空压机余热回收及节能分析》《建设“一带一路”对我国法学思想的影响》《政务微信的标题特征与表达》等。

（2）交代内容范围。这种形式的标题，从其本身的角度看，看不出作者所指的观点，只是对文章内容的范围作出限定。拟定这种标题，一方面是文章的主要论点难以用一句简短的话加以归纳；另一方面，交代文章内容的范围，可引起读者的注意，以求引起共鸣。这种形式的标题也较普遍，如《战后西方贸易自由化剖析》《从无产阶级国际主义到人类命运共同体》《西藏小微企业发展现状分析》等。

（3）小处着眼、大处着手的标题。这种形式的标题给予全文内容的限定，具有很大的灵活性。文章研究对象是具体的，但引申的思想又要有很强的概括性，这种从小处着眼、大处着手的标题有利于科学思维和科学研究的拓展，如《从乡镇企业的兴起看中国农村的希望之光》《人民币升值对文化产业的影响》《科技进步与农业经济》《自媒体与国家安全》等。

（4）用形象化的语言做标题，如《“话筒”背后：自媒体传播与发展研究》《无人驾驶有望“自我成长”》《科技史上的曙光》《主频背后的秘密——COU 性能揭秘》等。

2）副标题

为了点明论文的研究对象、研究内容、研究目的，对总标题加以补充、解说，可以加副标题，如《人生十字路口的抉择——评西安交大剧团的〈抉择〉》《数字经济时代互联网企业反垄断的挑战与应对——由“谷歌利用算法滥用支配地位”案切入》。有时为了强调论文所研究的某个侧重面，也可以加副标题，如《企业内部薪酬差距与高管隐性腐败——基于管理层持股比例视角》《开发蛋白质资源，提高蛋白质利用效率——探讨解决吃饭问题的一种发展战略》《对于“两面人”行为角色复杂性的分析——一人分饰多重角色的普遍性影响》等。

3）分标题

设置分标题的主要目的是为了清楚地显示文章的层次。有的用文字，一般都把本层次的中心内容昭然其上；也有的用数码，仅标明“一、二、三”等顺序，起承上启下的作用。需要注意的是，无论采用哪种形式，都要紧扣所属层次的内容，以及上文与下文联系的紧密性。

2. 目录

一般篇幅较长的毕业论文都设有分标题，因其内容的层次较多，整个理论体系较庞大、复杂，故而通常设有目录。

1）目录设置的目的

设置目录是为了使读者能够在阅读该论文之前对全文的内容、结构有一个大致的了解，同时也为读者选读论文中的某个分论点时提供方便。当论文较长，分论点较多时，如读者需要进一步了解某个分论点时，就可以依靠目录提示直接找到目标页面，节省阅读时间。

2）目录设置要求

目录是论文的导读图，一般放置在论文正文的前面。要使目录真正起到导读的作用，还要注意做到如下“三要”。

（1）要准确。目录必须与全文的纲目相一致。也就是说，论文的标题、分标题与目录存在着一一对应的关系。

（2）要清楚无误。目录应逐一标注其在正文中的页码。标注页码必须清楚无误。

（3）要完整。目录既然是论文的导读图，因此必须要具有完整性，也就是要求文章的各项内容都应在目录中反映出来，不得遗漏。

3．摘要

摘要提出主要论点、揭示论文的研究成果，是全文内容的缩影。在这里，作者以极为简要的语言，勾画出全文的框架结构。

摘要是全文内容的缩影，反映论文内容梗概，是供文献检索的信息资料，是相对独立的部分，一般放置在篇首。摘要写作要规范，要求简洁明了，能概括地表述写论文的目的、内容、方法结果或结论。一般中文摘要不超过300字，外文摘要不超过250个实词。

4．关键词

关键词又称主题词，是从论文中选取出来能表达论文主要内容的词或术语，是论文的重要检索点。关键词一般由3～5个词或词组组成。关键词一般可以直接从论文题目或论文正文中抽取。

5．引言

引言也称前言、导言、绪论等，它是文章的开头，用以介绍研究背景、研究目的、研究范围、研究方法、主要观点及成果、评价意义等方面的内容，要求简明扼要，一目了然，这部分用于引导读者理解论文的内容，其地位十分重要，一定要引起写作者的重视。

引言部分应当包括以下内容：

（1）确立本选题的原因和意义，有时还要简要介绍前人的研究状况。

（2）论文中主要应用了哪些理论，采用了哪种方法(如调查研究方法)。

（3）介绍论文包括哪些部分以及每部分的主要内容，这样会给读者一个论文整体印象。

（4）论文的学术价值，即写此论文能给人们带来什么启示或得到什么借鉴意义等。

6．正文

正文也称为本论，是论文内容的核心，是对问题展开分析，对观点加以证明，全面、详尽、集中地表述科研成果的部分。

正文的内容和结构的写作应符合以下三个要求：

（1）论题集中，重点突出。正文应围绕论题展开，要在有限的篇幅内容纳主要观点，与观点无关的内容，尤其是例证应该舍弃。

（2）理论联系实际。经济类、理工类论文一定要理论与实践相结合，运用大量案例和实验数据的文章才更显生动、更具有学术价值。纯理论的文章没有太大的应用价值，除非是创新理论和某学科的工具书。

（3）思路清晰，语言通顺。毕业论文写作一定要思路清晰，论文各部分之间的内容应存在相互的逻辑联系，不能想到什么写什么。在表述上要行文顺畅，不能出现语病。

论文正文应遵循最基本的结构：提出问题(现状和存在的问题)→分析问题(引用案例来分析为什么存在这些问题，导致问题出现的原因何在)→解决问题(提出对策和建议)。

7. 结论

结论又叫结尾，是论文的收束部分，一般需对本论文中的观点进行归纳，提出下一步的研究方向，或者此论文可能带给人们的启示或借鉴。此部分内容不宜过长，要简明得体。有时这部分可有可无，要根据论文的实际情况而定。

8. 致谢

致谢是对帮助过自己的有关的单位和个人表示感谢。也有的学术论文不写致谢内容。致谢也可置于参考文献之后。

9. 参考文献

参考文献是判定论文价值的重要依据。参考文献的作用是表示对他人研究成果的尊重；便于读者了解该领域情况，为读者研究或直接查找文献提供线索；反映作者对本课题、本领域的历史和现状的了解程度，有助于读者相信该论文水平，同时增加资料的可信度。在论文的后面附上写作论文时参考的期刊、著作、报纸、电子文献等，这样论文的写作才规范。(读者可扫右侧二维码学习最新参考文献著录规则。)

参考文献著录规则

四、毕业论文的写作要求和注意事项

毕业论文在成文的过程中需要注意以下行文技巧。

1. 提炼观点

(1) 观点和材料相统一。一篇论文，所论证的问题与支撑论点的材料必须高度统一。如果所要论证的问题大于材料，论文就应当缩小论题；如果材料大于论题，就应当扩大论题。

(2) 结论应适当体现认识的升华。有了基础结论，这个结论还存哪些没有解决的问题，有何发展前景，可在结论分析上升华认识。

2. 注意过渡

全篇主要结构安排好，将材料组织成文之后，其间还需要注意各层次、各段落之间的过渡语，使读者清楚了解文章的脉络，读起来起承转合、文气顺畅。

3. 修改语言

(1) 突破语言关。论文的语言，仍然是大多数学生亟待解决的一项难题，经常出现的问题有以下几种：

① 一逗到底，标点混乱。毕业论文撰写完毕，首先要通读，在通读中检查标点。有的文章，不分句子层次与段落关系，一逗到底；有的文章，各种标点，不明用法，使用混乱。解决这些问题的办法，首先要靠认真学习相关标点的标准用法，然后依靠“认真”二字，反复检查。

② 语句不通，句式杂糅。通顺是文章最基本的要求。现在有的论文，常出现不完整的句子，有的一句话中夹杂两种句式，有的用语不准确、不恰当。要解决这些问题，可采用反复朗读的方法，找出读不通顺的句子，反复修改，直到文从字顺。

（2）删补调改，推敲润色。标点正确、语言通顺只是最基本的要求。在此基础上，还应对文章进行删补、调改，最后推敲、润色。

① 删补。要对重复的文字或语句进行修改，删除多余字句，尽量做到文字畅达简练。对文章中文字不连贯的，需要在句子中补充必要的词语，在段落之间补上必要的过渡语；内容方面不连贯的，需要少量补写；用词不当的，应更换词语，使表达更为准确、恰当，使内容更为完整、全面。

② 调改。所谓调改，就是调整语序、移动分句前后及段落先后的位置。写文章时，句子与句子之间、段落与段落之间先写什么后写什么，要讲究逻辑关系，不合适的地方可用调改的方法予以解决。

③ 推敲。所谓推敲，即在一个段落里，对关键词语的选择是否恰当进行反复斟酌，当语义需要重复递进时，为了避免语言呆板，使表达更为准确生动，可选用同义词或近义词替代重复的词语。

④ 润色。所谓润色，即修饰语句，使语句更富有表现力，包括调整句式、用词不只是要求准确，还要掌握丰富的修辞方法使文章生动、形象。

总之，修改语言是撰写论文的重要工作之一。格式、语言看似小事，却直接影响论文的质量，需要认真对待，养成踏踏实实、认真修改的良好习惯。

例文评析

例文

我国文化产业出口竞争力研究

××学院××系　胡××

摘　要：文化产业的热潮正在兴起，但我国目前的文化出口总额偏小、附加值低、结构失衡等问题仍然突出。本文以灰色关联理论（灰色关联理论是邓聚龙于 20 世纪 70 年代末 80 年代初首次提出的，其原理是根据序列曲线形状的紧密度来判断其竞争力的相似程度）为基础，测定和比较中国和世界主要文化贸易国的文化产业竞争力。通过比较中国文化产业各要素竞争力的优劣势，为提高中国文化产业的竞争力、扩大文化出口提供政策建议。

关键词：文化产业；出口；竞争力

文化是一个民族生存的土壤，是一个民族赖以维系的纽带。文化产业作为一种无污染、低能耗、高附加值的行业，被国际公认为 21 世纪最具发展前途、最具增长潜力的朝阳产业。针对目前国内外的发展状况，我国文化产业的国际竞争力水平究竟如何？

1. 评价指标的选择

本文从投入要素和产出要素两方面出发，综合考察文化产

评析

1. 论文标题：揭示课题实质。

2. 署名。

3. 摘要：简要叙述论文的研究成果。

4. 关键词：反映论文主要内容信息的术语，便于检索查找。

5. 前言：提出问题，引出下面的论述。

业的国际竞争力。在具体指标的设定中，确定了四大类指标下的7项小指标，形成了如表1所示的评价指标体系。 其中，生产要素和需求要素属于投入要素，文化产业的市场占有率和贸易竞争力属于产出要素。	6. 正文：介绍我国文化产业竞争力评价标准。
2. 评价模型的构建 为了对文化产业的国际竞争力有一个整体评估和国际比较，需要综合评价文化产业的国际竞争力……关联度越大，说明被评价国家文化产业与国际竞争力最强的国家越相似，其国际竞争力就越大；反之，国际竞争力就越弱。 2.1　选择参考数列 2.2　多层评价系统的最终关联度 利用加权平均合成法计算多层评价系统的最终关联度…… 将第k层各指标的关联系数进行合成，分别得到上一层(k—1)各指标的关联度；然后把这一层所得到的关联度作为原始数据，继续合成得到k—2层各指标的关联度；以此类推，直到求出最高一层指标的关联度。 2.3　产业竞争力大小排序 根据关联度 r_i=(i=1，2，…，m)大小进行排序，关联度的大小排序代表了产业竞争力的优劣次序。	详细阐述具体评价的方法。
3. 中国与世界主要文化贸易国的竞争力测评 本文选取中国、美国、英国、日本、印度5个国家作为评价单位，依据是：首先，这些国家涵盖了包括欧洲、美洲、亚洲在内的主要文化产业大国，具有一定地理上的代表性；其次，研究对象中既有发达国家也有发展中国家，这些国家在经济水平、社会背景、文化资源等众多方面都具多样性的特点；再次，这些国家是中国文化贸易的主要贸易伙伴，通过比较有利于中国制定进一步发展文化产业国际贸易的战略。 各国的文化贸易数据来源：核心文化商品以及核心文化服务国际贸易数据来源于贸发组织数据库(UNCTAD)；世界文化和自然遗产个数来自World Heritage Centre；人均GDP和国民消费率来自世界发展指标数据库；大学生粗入学率来自贸发组织数据库(UNCTAD)。 在时间的确定上，由于数据受限，尤其是文化服务统计数据的局限性，本文研究的主要是2005年的数据。 将所有指标列于表2，各国每个指标的数值可以得到一组参考数列，即最佳值 V_0=(33，82，39711，72.6，25.24，0.25，4.15)。根据公式(4)，对表2进行规范化处理得到表3；利用规范化以后的表3，根据公式(7)计算各指标值与参考数列中最佳值	选取5个代表性国家进行横向比较。

的关联系数 $\varepsilon_{ik}(i=1, 2, \cdots, m; k=1, 2, \cdots, n)$，列于表 4(设定 $\rho=0.5$)，表 4 显示了指标层中第 C 层的关联系数。

表 2 为 5 国文化产业竞争力指标和最佳值(ZW()[数据来源：核心文化商品以及核心文化服务国际贸易数据来源于贸发组织数据库(UNCTAD)；世界文化和自然遗产个数来自 World Heritage Centre；人均 GDP 和国民消费率来自世界发展指标数据库；大学生粗入学率来自 UNCTAD]。

4. 中国与世界主要文化贸易国家的竞争力比较

中国与世界主要文化贸易国家的竞争力比较得出结论：中国文化产业国际竞争力亟待提高。

从最终层 A 层的关联度来看，本文所选取的 5 个国家的文化产业国际竞争力强弱差异明显。美国的指标值与最佳值之间的最终关联度数值高达 0.9721，是唯一一个关联度数值高于 0.8 的国家，其次是英国(0.6177)，两国的文化产业国际竞争力最强；日本(0.4421)和中国(0.4000)的最终关联度数值为 0.4～0.5，其文化产业的国际竞争力一般；而印度(0.3800)的最终关联度数值不足 0.4，其文化产业国际竞争力较弱。

在生产要素方面，中国的指标值和最佳值之间的关联度为 0.5048，低于美国(0.8605)、英国(0.6523)，高于日本(0.4778)、印度(0.4032)，排名第三。中国的基本要素丰富，但是高级要素缺乏，造成了资源的利用率不高，文化创新不够。而美国、英国的高级要素则极为丰富，为其文化产业的发展提供了源源不断的动力。

在需求要素方面，中国的指标值和最佳值之间的关联度为 0.3395，排名最后，甚至低于同属发展中国家的印度(0.4911)，其他三个国家美国(1.0000)、英国(0.7563)、日本(0.5346)更是遥遥领先于中国。需求要素包含了人均 GDP 和国民消费率两项指标，中国的人均 GDP 和国民消费率明显偏低，总体的消费水平不高，消费对文化产业发展的刺激和拉动作用不明显。

在市场占有率方面，中国的指标值和最佳值之间的关联度为 0.3487，排名第四，低于美国(1.0000)、英国(0.4746)、日本(0.3981)，高于印度(0.3333)。从数值来看，该项指标除了美国遥遥领先之外，其他 4 个国家的水平相当，国际市场的占有率均不高。

在贸易竞争力方面，中国的指标值和最佳值之间的关联度为 0.4218，排名第三，低于美国(1.0000)、英国(0.6452)，高于日本(0.4005)、印度(0.3371)。中国在文化商品方面具有一定的竞争优势，但是文化服务的竞争劣势明显；相较而言，日本的贸易竞争力虽然低于中国，但其文化服务的竞争力却要远远高于中国。

由表5可以清楚看到中国文化产业竞争力的优劣势所在。中国在世界文化遗产和自然资源，即基本生产要素方面优势明显；在贸易竞争优势指数方面，也具有一定的优势；但是，在高等教育入学率、人均GDP、国民消费率、国际市场占有率和显性比较优势指数多项指标上劣势明显。 因此，中国文化产业国际竞争力亟待提高，未来中国要紧紧抓准这些目前处于劣势地位的方向，进一步研究应该采取什么样的政策和措施以提高中国文化产业竞争力。	
5. 政策建议 5.1　开发文化资源，保护知识产权 我们要开展国际文化贸易，面对国际文化市场，就应当放开眼界，充分利用人类共有的各种文化资源。就我国而言，悠久的文化历史是我国文化产品出口的比较优势所在，充分挖掘我国传统文化中的文化符号，应用企业开发模式形成文化产品是获得国际市场的基本条件。 随着经济发展的全球化、文化产业的急速发展，在对文化资源的开发利用过程中，出现了知识产权保护问题。对于尚未开发和正在开发的文化资源而言，我们应采取政府保护、法律保护、市场保护与社会支持等多重因素综合运作的方式来保护；对于已经开发的文化产品或服务而言，应建立完善的知识产权管理体系，使得产品价值能多途径、多渠道地得到释放。 5.2　提升产品质量，选准产品种类 文化产品的质量高低取决于其内容，文化产品能否赢得市场，最根本的问题在于其所含的文化价值、生活方式、思想观念、情感因素，在于文化产品是否具有思想感染力、情感亲和力、精神震撼力以及生活方式的凝聚力。我国的文化产品缺乏国际竞争力，最根本的原因在于内容。文化产品走出去，针对的是国际市场，并不是在国内市场上受欢迎的文化产品都能在国际市场上畅销。在国际市场上，由于语言、习俗、艺术样式等方面的不同，存在一个文化折扣的问题。因此，在走出去之前，我们一定要有深入的调查研究，针对哪个地区的市场，以哪个品种作为主打产品，都要制订出切实可行的计划。 5.3　鼓励文化创新，提高科技含量 丰富的文化资源是基础，创意是表现方式，两者结合才能受到消费者的欢迎。在这一点上，我国的文化产品与发达国家相比差距很大。我国的文化企业急需提高产品的科技含量，加强产品质量管理，提高经营管理水平。	针对结论提出具体建议。

现代社会，高新科技已经成为社会生产力发展的火车头，它在文化产品生产领域包括从内容到形式、从生产方式到传播方式的广泛应用，必将极大地促进文化产品生产的发展和创新，文化与技术的融合将形成强大的经济竞争力。 5.4　加强人才培养，接轨国际市场 文化产业的突出特点是资金密集、人才密集和智力密集。文化贸易人才匮乏已经成为制约中国文化产品出口的重要瓶颈之一。要加快中国文化出口的步伐，就必须在文化贸易人才培养上多下功夫。在人才培养的过程中要注意培养文化企业所需的各个环节的人才，包括创意人才、制作人才、经纪人才、销售人才、管理人才等。 人才的培养是源头，激励措施是鼓励文化人才发挥效用的有效保证。文化企业必须加大人才机制的创新力度，优秀人才进得来，更要留得住、用得上，要建立起有活力的文化产业优秀人才、特殊人才的使用与激励机制。	
参考文献： [1]李怀亮．当代国际文化贸易与文化竞争[M]．广州：广东人民出版社，2005. [2]邓聚龙．灰色理论基础[M]．武汉：华中科技大学出版社，2002. [3]顾江．文化产业研究[M]．南京：南京大学出版社，2006. [4]ARPITA M. Cultural Diversity and Trade Liberalisation: The Case of India[R]. Trade and Culture Issues in 2004：66. [5]MICHAEL R，RICHARD E C. Creative Industries：Contractsbetween Art and Commerce[J]. Journal of Cultural Economics，2006，26(1)：25－30. （原文地址：http：//www. lw54. com/html/wenhuayanjiu/20190501/8166360. html）	7．参考文献：均按作者、文献名（书名、文章名等）、出版社或文章刊出的杂志社、出版时间顺序排列。

这是一份关于文化产业出口方面的本科毕业论文。论文的选题比较现实，文化产业作为新兴产业，在出口创汇、税收等方面正日益呈增长趋势，本文在分析、评定我国文化产业出口竞争力的基础上，指出我国文化产业在国际上的市场竞争力和市场占有率均不高，得出文化产业出口竞争力亟待提高，并给出了相关建议。该论文对我国文化产业的未来发展趋势具有一定的参考意义。

知识链接

撰写毕业论文的步骤

1. 选题

撰写毕业论文首先要解决“研究什么”的问题，其次是“怎么研究”，最后是“如何表述”。选题就是解决“研究什么”的问题，只有明确了研究对象才能展开相应研究，并将研究成果形成论文。选择一个好的课题，毕业论文就成功了一半，如何进行毕业论文的选题可以从以下几个方面考虑。

(1) 从业务强项或兴趣出发进行选题。常言道“闻道有先后，术业有专攻”“兴趣是最好的老师”，同学们在各自的专业学习中可以选择自己的强项或者自己感兴趣的专业问题作为选题方向，只有自己擅长的和感兴趣的问题，才能引发出深入探究的欲望，这样有利于提高论文撰写质量。

要真正撰写好一篇毕业论文，选定了研究方向后还应该在调研的基础上限制题目的外延，将问题控制到适合完成的程度。例如：试论“一带一路”倡议对我国对外贸易的影响→试论“一带一路”倡议对我国与非洲各国对外贸易的影响→试论“一带一路”倡议对我国与非洲各国农产品对外贸易的影响。

(2) 从实习或实践中所发现的问题进行选题。毕业论文的撰写常常伴随着实习、实训同时进行，现实工作或生产实践中总会遇到一些需要解决但尚未解决的问题。选择问题进行研究时，最好能选择那些微观具体的问题，结合实践探讨对策和解决办法；对于宏观问题，如体制、政策或技术发展水平等问题，毕业论文一般不宜选择。对于实习或实践中所发现的问题，不一定是反面问题，也可以是经验总结。如有学生在某地信访部门实习，碰到一些群众信访案件，作为实习生对如何接待信访群众，安抚信访群众情绪，缓解问题矛盾等总结了一些实际经验，在此基础上，结合学到的文秘专业知识，将对信访接待问题做深入探讨作为毕业论文选题。再如，学生实习所在的某企业，在较短的时间内扭亏为盈，其成功的经验有哪些，做过怎样的调整或改革，这些都是可以总结的，总结得好就有参考和推广的价值。

(3) 从有必要进行补充或纠正的课题中进行选题。学术问题总是在错误修正中、扩大应用领域中或与其他知识相结合中发展的。在选择课题时，我们也可以采用这一思路。例如3D打印技术最早产生于20世纪90年代，主要应用于工业设计、艺术设计、鞋类、建筑、汽车等领域，利用这项技术可以打印出艺术品、鞋子、汽车、飞机等。随着3D技术的不断发展，其应用领域不断扩展，逐渐应用于医疗产业，利用3D技术不仅可以打印出牙齿，甚至利用人体细胞可以打印出人造肝脏组织。2019年1月美国加州大学在《自然·医学》杂志上发表论文，首次利用快速3D打印技术制造出模仿中枢神经系统的脊髓支架，在装载神经干细胞后植入脊髓严重受损的大鼠脊柱内。2019年4月，以色列特拉维夫大学研究员利用该项技术以病人自身的组织为原料打印出全球首颗拥有细胞、血管、心室和心房的“完整”心脏。3D打印技术由最早的利用金属粉末、塑料等材料进行打印，发展到可以利用生物细胞进行打印。某项技术在应用领域的不断扩展也可以作为论文的选题方向。

选题方向不仅只有以上几种，无论从什么角度进行选题，从论文的写作价值来看，选题的理论意义和现实意义是首要的，在此前提下，可以发现生产或科研中亟待解决的问题、中外学术观点的异同问题、科学的现状与发展前沿性问题、关乎国计民生问题等。

此外，选题还应注意毕业论文的时间和体量要求，以及自身的学术水平和研究条件，千万不能脱离实际，只注重选题不考虑完成过程。

2. 选题论证——撰写开题报告

选题一旦确定后，一般还需要撰写简短的开题论证报告。开题论证报告由以下内容组成：

(1) 对选定课题进行研究的原因、目的、意义及价值。

(2) 国内外的发展现状、趋势。

(3) 前期选题工作中材料收集的基本情况。

(4) 拟采用的研究方法和手段。

(5) 下一步进行研究和撰写毕业论文的基本思路。

(6) 下一步材料收集的方向和范围。

(7) 目前和预想到的研究中的困难。

(8) 希望得到指导教师帮助的具体问题。

(9) 研究成果的最终情况预计。

以上9个方面一般要求学生写出500～1000字的书面报告，在正式撰写毕业论文前须经指导教师审核通过，方可进入研究撰写阶段。

3. 资料搜集与整理研究

选题和资料搜集密切相关。如果平时在专业领域内不了解学科动向，没有一定的积累，确定论文的选题就会比较困难；只有确定了选题才能按照选题方向去搜集更多的资料；有时受新资料的影响，对所选课题也会产生新的看法，从而可能再次修订选题。

(1) 研究课题的基础工作——搜集资料。搜集资料是课题具体研究的开始，没有资料就无从分析问题。资料可以通过直接调查的形式获得，也可以到图书馆或档案馆查阅，同时也可以利用网络资源获得。

直接调查是获得资料的重要途径。调查形式多种多样，主要通过直接观察、个别访谈、查阅有关档案、抽样发放问卷等方式进行。调查材料是第一手资料，反映的是现实情况，对认识课题的现实意义有重要作用。此外，还要重视实验与观察。实验与观察是搜集科学资料数据、获得感性知识的基本途径，是形成、产生、发展和检验科学理论的实践基础，运用本方法时要认真全面地记录。

到图书馆或档案馆查阅资料，可以获得多方面的有用信息。

① 了解课题的研究状况。查阅资料可了解自己的课题是否有人已经研究过。如果有人研究过，可以了解他们的观点是什么、他们的基础资料来源于何处，从中分析并比较他们的研究得失，吸取经验，提高对本课题的认识；如无人研究，那么可以考虑有哪些相关资料可以借鉴，自己的选题究竟新在何处、有什么意义，迫使自己思考研究本课题的方法和途径。

② 获得二手基础资料。已发表的论文或历史文献中具有大量的有用资料。某些基础性资料可以帮助我们重新认识问题，因为同样的资料，站在不同的角度可以得到不同的认

识。我们可以为证明自己的观点去摘抄、引用某些基础资料，但要注意，对任何资料的引用都不能断章取义。

③ 学习研究方法和论文的撰写方法。在搜集资料、研究资料的过程中，可以学习到其他学者研究问题的方法和撰写论文的方法。通过分析这些论文，找出作者的思路，探讨他们的研究方法，从而达到拓展自己思路的目的。

(2) 研究课题的重点工作——研究资料。对所搜集到手的资料首先要进行全面浏览，并对不同资料采用不同的阅读方法，如通读、选读、研读。通读即对全文进行阅读；选读即对有用部分、有用内容进行阅读；研读即对与研究课题有关的内容进行全面、认真、细致、深入、反复的阅读。在研读过程中要积极思考，要以书或论文中的论点、论据、论证方法与研究方法来触发自己的思考，要眼、手、脑并用，发挥想象力，进行新的创造。在研究资料时，还要做好资料的记录。

(3) 研究课题的核心工作——明确论点和选定材料。在研究资料的基础上，提出自己的观点和见解。根据选题确立基本论点和分论点。提出自己的观点要突出创新点，同时，还要防止贪大求全的倾向。根据已确立的基本论点和分论点选定材料，这些材料是自己在对所搜集的资料加以研究的基础上形成的。组织材料要注意掌握科学的思维方法，注意前后材料的逻辑关系和主次关系。

(4) 研究课题的关键工作——执笔撰写。下笔时要对以下两个方面加以注意：拟定提纲和基本格式。拟定提纲包括题目、基本论点、内容纲要。内容纲要包括大项目即大段段旨、中项目即段旨、小项目即段中材料或小段段旨。拟定提纲有助于安排好全文的逻辑结构，构建论文的基本框架。

(5) 研究课题的保障工作——修改定稿。通过这一环节，可以看出写作意图是否表达清楚，基本论点和分论点是否准确、明确，材料用得是否恰当、有说服力，材料的安排与论证是否有逻辑效果，大小段的结构是否完整、衔接自然，句子词语是否正确妥当，文章是否合乎规范。

总之，撰写毕业论文是一个复杂的思维活动，对于缺乏写作经验的大学生来说的确有一定的难度。因此，大学生要学习、学习再学习，实践、实践再实践，虚心向指导教师求教。

第二节　毕业设计

知识目标

(1) 了解毕业设计的特点和分类，以及论文的撰写方法。

(2) 掌握毕业设计的基本写作技能、写作格式和要求等。

能力目标

(1) 培养学生观察、分析事物，联系实际独立思考和解决问题的能力，以及不断创新的能力。

(2) 培养学生熟练运用所学文种知识撰写与本专业相关毕业设计的能力。

一、毕业设计的定义

毕业设计是高等学校技术科学专业及其他需培养设计能力的专业或学科应届毕业生的总结性独立作业。学生在教师的指导下，综合运用所学专业知识和技能针对某一课题，作出解决实际问题的设计，并形成具有应用价值的文章。

毕业设计是高等学校教学过程的重要环节之一，目的是总结检查学生在校期间的学习成果，是评定毕业成绩的重要依据。同时，通过毕业设计，也使学生对某一课题作出专门、深入、系统的研究，巩固、扩大、加深已有知识，培养综合运用本专业有关课程的理论和技术，进行全面、系统、严格的技术和基本能力练习，相当于一般高等学校的毕业论文，也是学生走上国家建设岗位前的一次重要的实习，为学生毕业后尽快胜任岗位工作奠定良好的基础。

二、毕业设计的特点

(1) 科学性。毕业设计本质上属于科技论文。毕业设计实操前带有一定的主观性和预测性，但其设计也应具有一定的科学性，在实操过程中才能体现其对专业知识的掌握和运用能力。

(2) 严谨性。专业设计主要以设计策划为主，力求详尽、全面，设计文案应当包括活动环境分析、总目标、内容和措施，方案和实施、费用预算、日程安排等，如缺少项目，则可能无法顺利实施。

(3) 考查性。由于应届毕业生设计操作经验不足，加上时间有限，一般与实际设计要求会有一定距离。毕业设计重在强调学生设计的整个过程，主要考查：运用所学知识原理(机械、电力、电子、计算机等)的能力；查阅资料、工程手册、材料手册等方面的能力；绘制图纸的能力；分析模型数据的能力；文案写作的能力；实验工作的能力等。力求在毕业设计中使学生得到全面的能力训练。

三、毕业设计的种类

1. 工程(工艺)设计

工程设计具有整体性，涉及工程的整体布局，包括主要设备的选型和专用设备的设计及其他辅助设施的设计等。

2. 设备(产品)设计

设备设计又分为单体设备设计和零部件设计，主要是对某一具体设备或零部件的规格、形式、传动结构等进行设计。

3. 活动策划文案设计

活动策划文案设计主要是调研活动、宣传活动和促销活动等的设计，包括活动环境分析、总目标、内容和措施、费用预算、日程安排等。

四、毕业设计的写作格式

毕业设计主要包括标题、摘要、关键词、正文、结语、附录、参考文献等几部分。

1. 标题

标题应简短、明确，有概括性。标题可以使读者大致了解毕业设计的内容、专业特点、科学的范畴。标题名称一般不超过 20 个字。

2. 摘要

摘要主要是对设计的简要陈述，说明此设计的基本内容及其在生产实践中的作用，论证此设计的指导思想与合理性，以及采用的新技术、新工艺、新材料等；如果由此产生了社会效益和经济效益，则应当重点指出。

3. 关键词

关键词一般由 3～5 个能准确表达设计的中心内容的词语组成。

4. 正文

正文一般由引言、设计任务分析、方案初步选定、方案详细设计和总结评价五部分构成。

(1) 引言。毕业设计的开头部分，主要写设计的选题来源、目的、意义等。

(2) 设计任务分析。写明设计要解决的主要问题，阐明设计中的关键问题或难点问题。

(3) 方案初步选定。这部分主要是明确方案的思路过程，可以写提出方案设计的大体思路与基本框架，或者记述调研分析后选定的初步方案，也可以进行多种方案的比较，从而确定最佳方案。

(4) 方案详细设计。这部分内容是设计的重点，应按照设计内容与过程顺序规范地撰写。

(5) 总结评价。根据设计的任务要求，结合本设计成果的科学性、创新性、可靠性、实用性、经济性等相关要求，对方案的优缺点进行如实的总结评价。

5. 结语

结语是对设计内容做出总结，指出优点与缺点，若有不足之处也可进行说明。

6. 附录

附录部分需视情况而定，如有篇幅较长、格式特殊而又具有相对独立性、确实不方便在设计说明书中表述的内容，或者有图纸、试验或观测的详细数据汇总表等可以以附录形式附上。

7. 参考文献

参考文献应该尽数罗列，按照规范的要求撰写。

五、毕业设计的写作要求

毕业设计的结构和写法与学术论文大体相同。但毕业设计的种类繁多，项目各异，情况也不同。因此，毕业设计没有固定的格式，具体可参阅毕业论文的写作格式。下面主要讲述毕业设计主体内容的有关表述问题。

1. 设计原理的表述

(1) 概括整体。无论我们选定的是何种设计，都必然涉及其工作流程或工作原理。在进行总体说明时，宜多采用结构框架图或流程图的方式，这样易于让人从整体上先把握设计者的基本思路。

（2）重点或关键问题说明，主要是指对设计原理的关键技术或核心问题的说明。这里需要提供采用图纸说明、模型或实验的验证说明等方式。首先，采用图纸说明，图纸是产品生产的依据，是生产原理的具体说明。结合图纸，阐述关键问题的原理，写作时要条理清晰，表述完整；其次，采用模型或实验的验证说明。对于某些产品或工程，为了确保设计的成功，还采用类比模拟的方式，制作模型或运用实验手段来证明原理的可行性、技术的先进性。可将有关数据或实验数据、方法一一列出，以证明原理的正确性。

2．工程的特点或产品的性能表述

（1）说明采用技术或设计产品性能的科学性和先进性。优秀的设计总要体现科学性和先进性。阐述说明时可以用以下两种方式：第一，显示科学性，突出新技术。本次设计中采用何种术，在此技术的应用下，目标工程或产品的性能或质量有何提高。第二，与同类工程或产品相对比体现先进性。采用比较的方法，来说明此设计的先进性，包括性能、质量、成本等方面的优越性。

（2）说明技术和质量的标准。技术和质量标准一般采用国家标准或国际标准、国家质量技术监督局颁发的各类标准进行说明。

例文评析

例文	评析
关于学生成绩管理系统的毕业设计 ××大学信息管理系　陈×× 摘要：本文设计了一般学校通用的“学生成绩管理系统”，采用目前通用的小型数据库FoxBase语言编写，以适应现行学校内部与外部交换信息的需要。本设计以FoxBase为核心模块，开发出菜单模块、运算功能模块，采用数据库文件与功能模块式的组合方式，构建整个系统。 关键词：FoxBase；学生成绩；管理系统；设计	1．标题：以设计课题作标题。 2．署名。 3．摘要：简明扼要概括全文主要内容。 4．关键词：反映论文主要内容信息的信息术语，便于检索查找。
一、前言 目前，大多数学校在利用计算机管理学生成绩方面，还停留在“单独表格式文件管理”“没有形成系统”的水平层面上，即采用的是半手工、半计算机式的管理方式，在计算机上录入、编排学生成绩名册，并录入成绩，进行手工统计，最后排版打印。这种方式使计算机资源得不到充分利用，且每学期录入一次名单，手工统计一次分数，费时费工。 为解决这一问题，我们先后调查了5所中小学和3所大学，分析了学生管理工作的一般流程和需求，设计了本管理系统。	5．前言：简述本设计的原因、目的，表明本设计的实用性，预计的社会效益和潜在的经济效益。
二、系统原理说明 （一）系统构建依据 本系统构建依据是一般学校的学生成绩管理过程。其过程是：新生学籍登记→年级上、下学期成绩登记，包括期中成绩登	6．正文：毕业设计的核心，全面详细地表述了该项设计的原理以及各项设计的具体内容。

记、期末成绩登记→补考成绩登记→各个学期成绩登记→毕业成绩汇总。 （二）系统内容和性能 在这个过程中，各环节所需的功能如下： （1）学籍登记。需要名单录入、修改、查询、打印等功能。 （2）统计各学期学习成绩。需要名单录入、学习科目名称录入、各科成绩登记、各科人均分数，各分数段人数统计、学生个人各科成绩平均分数、各科补考人数统计和补考成绩登记。 （3）毕业成绩汇总。需要登记各学期成绩，统计学习总分和平均分，登记毕业实习和论文成绩等。 系统必须具有录入、修改查询和打印的功能。已录入成绩需要具有计算、统计等功能。 **三、系统设计** （一）数据库文件 1. 成绩库文件字段含义 （1）QCJ ABCD 库。 Q 101——“Q”期中，“1”第一学期，“01”第一门课程。 Q 202——“Q”期中，“2”第二学期，“02”第二门课程。 F101——FQ101 ＜60 读入 1。 FZ——第一学期不及格课程门数。 FZ2——第二学期不及格课程门数。 QZ——第一学期期中总分。 QZ2——第二学期期中总分。 QP——第一学期期中平均分。 QP2——第二学期期中平均分。 KQ01——第一学期期中考试门数。 …… 2. 打印库文件 （1）文件名：kcdy. bdf。 说明：本库用于打印各类成绩报表有关课程名称、学院名称、专业名称，与其他库的连接字段为“班级”，本库的结构与各个“管理系统”中的课程库（KJKA－BCD）结构相同。（略） （2）文件名：xjdy. dbf。本库为学籍打印库，与 XJKA－BCD 库结构相同。（略） （3）文件名：bydy，dbf。本库为毕业成绩打印库，与 BYKA－BCD 结构相同。（略） （二）功能模块设计 1. 软件整体界面与功能模块程序设计（略）	从写法上看，本文为总分式，先概括设计的总体思路，然后分项逐一说明各项设计的具体内容，最后将局部设计汇总。 在表述上，采用图标和文字相结合的方法，不仅清晰，而且详细。

2. 录入、修改、查询界面与功能模块程序设计(略) 3. 运算、统计、打印界面与功能模块程序设计(略) (三) 数据库文件与功能模块文件关系一览表(略)	
附件： 1. 软件整体界面程序(略) 2. 录入、修改、查询程序(略) 3. 运算、统计、打印程序(略)	7. 附件：将篇幅较大的计算机程序等材料置于篇末，避免了因文件过长对阐述设计思路产生影响。
参考文献(略)	8. 参考文献。

这篇毕业设计属于计算机专业程序设计类。作为学生的毕业设计，选题大小、难易均适中，具有现实性和实用性。全文结构清晰、逻辑性强、重点突出、语言简明扼要，是一篇较为规范的理科毕业设计。

知识链接

撰写毕业设计的程序

一、确定课题

选题是毕业设计的关键。学生在教师指导下，以锻炼实操为目的，选定一个课题，强化个人的理论知识及实践技能，充分发挥创造力，圆满地完成毕业设计。

毕业设计的课题选择可从以下几个方面综合考虑：第一，有利于综合所学知识；第二，能结合学科特点；第三，尽可能联系实际；第四，有一定的应用价值。

根据以上要求，可以考虑从以下角度挖掘课题。

(1) 学科教学的延伸。例如，结合电气控制线路，要求学生设计机械控制电路并安装调试，结合数字电路进行逻辑电路的设计与装接。

(2) 多学科的综合。结合某专业学科确定一个综合课题，假如课题较大，可分解为几个子课题，交由不同的小组完成，最后再整合成一个完整的课题。例如，机电专业设计的课题——大型城市的交通信号灯指示。这个课题可分为两个子课题：PLC 控制的信号灯显示、信号长短计时的时钟电路。

(3) 结合生产实际。可以进一步加强校企合作，共同开发一批有实用价值、适合学生设计的课题，甚至可以以某些单位的某项生产任务作为设计课题。学校应注重课题资料的积累，尽量选取最适合教学内容又贴近生产实际的课题，完成资料库的建设，为今后课题的不断完善打下良好的基础。

二、项目分析

毕业设计需对一个即将进行开发的项目的一部分进行系统分析(需求分析、平台选型、分块、设计部分模块的细化)。这类设计的重点是收集整理应用项目的背景分析、需求分析、平台选型、总体设计(分块)、设计部分模块的细化、使用的开发工具等内容。

三、指导设计

指导教师布置给学生任务后，要指导学生分析课题，确定设计思路，充分利用技术，启发其独立思考。在设计过程中，应指导学生养成良好的安全意识和严谨的工作态度。

第三节　求职信

知识目标

了解求职信的文体知识和种类，掌握求职信的基本格式和写作要求。

能力目标

(1) 能够根据职场要求撰写求职信。

(2) 能够针对用人单位的招聘启事撰写一份具有个人特点的求职信。

一、求职信的定义

求职信又称自荐信、自荐书，是一种介绍性、自我推荐的信件，是求职者向用人单位或单位领导介绍自己基本情况，展示个人能力和素质，提出就业愿望，以求被录用的专用性书信。

求职信的使用频率极高，多数用人单位进行招聘都要求求职者先寄送求职材料，由他们通过求职材料对众多求职者进行初步了解后，再通知面试或面谈人选。因此，求职信写得好坏将直接关系到求职者能否进入下一轮的角逐。

二、求职信的特点

(1) 针对性。针对性主要体现在四个方面：一是针对用人单位的实际情况，二是针对用人单位提供的岗位，三是针对自身的实际情况，四是针对用人单位招聘者的心理。因此在书写求职信时，应对已选定的求职单位有所了解，针对求职单位对人才的需求情况，根据实际情况，结合自身条件，并针对招聘人的心理书写求职信。这样，发出的求职信才有可能引起对方的重视，起到预期的作用。

(2) 自荐性。自荐性主要是指要恰当地推销自己。求职信是连接求职者与用人单位的一种媒介，在相互不了解的情况下，求职者希望得到招聘者的信赖，引起其重视，进而达到被录用的目的。在这种情况下，求职者要恰如其分地展现自己，重点介绍自己的能力和优势吸引对方，在语言上应该自信而不妄自尊大，自谦而不妄自菲薄，这样才能使招聘者怦然心动。

(3) 竞争性。竞争性主要体现在两个方面：求职者择业的竞争和多个用人单位择人的竞争。用人单位接到求职信后，择业和择人的竞争就开始了。求职是一个竞争的过程，书写求职信时在内容上应尽可能地展现个人与众不同的竞争条件，在形式上应注意体现个人的风格特点，从而使自己的求职信在同类信件中能够脱颖而出，给招聘者留下深刻印象。

三、求职信的写作格式

求职信的格式主要有标题、称谓、正文、结语、附件、落款几部分。

1．标题

标题可直接标明文种“求职信”“求职书”等，写在首行正中，字迹要端正、醒目。

2．称谓

称呼写在第一行，顶格书写，之后用冒号，另起一行，写上问候语“您好”。求职信不同于一般私人书信，受信人未曾见过面，所以称谓要恰当，郑重其事。如果写给国家机关、事业单位的人事处领导，要用“尊敬的××处长(科长等)”；如果是写给企业或公司的人力资源部，则可以称之为“尊敬的××人力资源部部长”；如果写给大学校长或人事处的求职信，则称之为“尊敬的××教授(或校长、老师等)”；对于明确了用人单位负责人的，可以写出负责人的职务职称，如“尊敬的李教授”“尊敬的赵处长”“尊敬的刘总经理”“ 尊敬的张董事长”，等等。如果不知道你的求职信转到什么人手里，称呼则可以写“尊敬的负责同志”“尊敬的领导”。

3．正文

正文是求职信的主体，也是求职信的重点，一般包括引言、主体和结尾三个部分。书写时要另起一行，空两格开始写求职信的内容。

1）引言

这部分主要写明求职或应聘的缘由和目的，有的也可不写。引言的作用一是吸引对方能够继续看你的材料，二是便于自然而然地进入正题而不感到突兀。下面介绍两种引言的形式。

(1) 应征式：说明你是在什么地方看到了目标单位的招聘广告，并肯定自己能够满足招聘广告中提出的各项要求。比如“据悉贵公司正开始拓展海外业务，招聘新人，且昨日又在(××晚报)上读到贵公司的招聘广告，故冒昧写信，前来应聘高级会计师一职”。很多用人单位对你通过什么途径了解到他们的招聘信息很感兴趣，这有利于他们掌握今后如何发布企业信息。

(2) 赞扬式：赞扬目标单位近期取得的显著成就和发生的重要变化，表明你渴望成为中间的一分子。比如，“久闻公司声誉卓著，发展迅速，且产品深受欢迎，据悉贵公司正积极开拓新的业务领域，故冒昧写信，热切期望早日加入贵公司，我的基本情况是……”。

2）主体

主体是简介本人。主体是求职信的核心，包括：

(1) 简介本人基本情况，主要介绍自己的姓名、年龄、籍贯、政治面貌、就读学校、所学专业及专业课成绩，尤其是与招聘单位对口或接近的专业课成绩，重点介绍自己的知识结构、业务能力、实践经历等，尤其是与求职岗位相关的社会实践和成绩。

(2) 概括介绍自己在校期间曾担任的职务、个人爱好、特长等。对兴趣、爱好的介绍最好能突出某方面的个人能力，这样对目标职位的获取会有一定助益。

(3) 提出应聘的具体职位，切忌同时要求多种不相关的职务，重点说明自己能胜任某种职业或岗位工作的各种知识、技能和素养。这是整个求职信的核心，必须展现出自己的能力、特点和优势。

(4) 提出希望和要求。这部分内容可以简明扼要地写明如被录用后打算如何做好工作，对应聘岗位提出自己的设想、目标及实现的具体措施。写作时目标要明确，措施要可行。

3）结尾

结尾要感谢对方阅读自己的求职信，以诚恳的态度请求对方给自己一个面试的机会，并希望用人单位给予回复，如“如蒙赐复，不胜感激！”。

4．结语

信的正文之下写上简短的祝词，如“此致敬礼”“祝贵公司事业发达”“愿贵公司业绩蒸蒸日上”或祝读信者个人“工作顺利”“事业发达”等。

5．附件

附件是求职信后附上的相关材料，是对求职者进行鉴定的凭证，具有较强的说服力，如简历、学历证书、学位证书、职称证书、资格证书、技术等级证书、外语等级证书、计算机等级证书、获奖证书的复印件等。附件的书写一般在祝颂语下一行空两格的位置写“附件”后面加冒号，列出附件名录。附件不需要太多，但必须有分量，足以证明求职者的才华和能力。此外，还要求注明求职者的通信地址及邮编、邮箱地址、联系电话等信息，以便对方联系。

6．落款

在信的右下方写上求职者的姓名，可以使用“敬上”或“谨上”等词以示礼貌和谦逊，姓名前面不必加任何谦称的限定语，以免有阿谀之感，或让对方轻看你的能力。姓名下面写日期，成文日期要年、月、日俱全。

四、求职信的写作要求

1．态度真诚，语气诚恳

求职信作为一种常用文体，是关系求职者能否求职成功的第一步，在写作时态度要真诚，语气要诚恳，用词要礼貌、得体。求职信的关键在一个“求”字，求职者既不能向用人单位哀求，这样不仅不能树立自己的良好形象，反而降低个人身份，也不能流露出让用人单位赐予工作机会要求，好像是用人单位给你面子。“求”要“求”得不露痕迹，应在信中传递有效信息，既让用人单位感到你的诚恳和愿望，又让其觉得你正是他们需要的人才。

2．行文独特，摆脱常规

用人单位在招聘人员时，往往会收到拟招聘人数数倍或数十倍的求职材料。用人单位收到这些材料后，一般都会进行初步的筛选，那么求职信就是首轮筛选的重要参考项。在写求职信时要能展示、突出求职者的特点，不要流于常规，一封没有特点、放在谁身上都适用的求职信，很可能会让你错失一次宝贵的面试机会。因此，各种求职信的模式可以参考，但切忌直接照搬照抄忽略自我个性。

3．实事求是，重点突出

求职信的内容必须真实可靠，对自己的学识和能力要如实表述，不能故意夸大，更不能弄虚作假。在实事求是的前提下，针对不同招聘单位提出的不同招聘条件，应该依据招聘条件有针对性地逐条表述；如果不知道用人单位是否有用人需求，要有针对性地重点展示自己的能力和业绩，突出自己的优势和特点，特别是学习成绩要凸显专业能力和实践经验。此外，展示自己的敬业精神、团队合作精神和继续学习能力也尤为重要。

4. 格式规范，语言精要

求职信的格式与一般的信件格式大致相同，由称呼、正文、结尾和落款几个部分组成。在信的结尾要写祝颂语，并表示对面试机会的期待。大多数的求职信是打印稿，因此排版要美观大方。如果求职信是以电子邮件的形式写的，信的附件部分可以上传各种证书的图片和实践活动的照片等。如果求职者有一定的书法功底，也可以亲笔书写，这样不仅让招聘者感到亲切，还可以很好地展示自己的特长。

一篇能起到积极作用的求职信应该是在态度上真诚礼貌、自然恳切，在内容上简练精要、言简意赅，在措辞上分寸得当、不卑不亢。其篇幅不宜过长，一般千字左右为宜。求职信太短则显得没诚意，说不清问题，自然难以引起注意；太长则会引起阅读者反感。所以在写求职信时应打草稿，反复推敲意思是否清楚，用词是否得当，内容是否简练完美等。对于一些不太明白、没有把握的用词，要格外小心，避免用错词语而贻笑大方。在将求职信寄出之前，要再三阅读，认真校对。

例文评析

例文	评析
机械制造与自动化专业求职信	1. 标题。
尊敬的领导：	2. 称谓。
您好！	
我是一名刚从××学院机械制造系毕业的大学生。我很荣幸有机会向你呈上我的个人资料。在投身社会之际，为了找到符合自己专业的工作，更好地发挥自己的才能，实现自己的人生价值，谨向各位领导做简要的自我介绍。	3. 正文： 开头首先向用人方表示问候致意，提出就职愿望。
作为一名机械制造与自动化专业的学生，我热爱我的专业并为其投入了巨大的热情和精力。在三年的学习生活中，我学习了包括从机械设计基础到应用的多方面内容。通过这些知识的学习，我对这一领域的相关知识有了一定程度的了解和掌握，此专业是一种工具，而如何利用这一工具的能力是最重要的，在与课程同步进行的各种相关实践和实习中，我掌握了一定的实际操作能力和技术。在学校工作中，我加强了锻炼处事能力，学习了管理知识，吸收了管理经验。	个人简介。
在学好本专业的前提下，我对 CAD、Pro/E 产生了巨大的兴趣并阅读了大量有关的书籍，能熟练地运用 Pro/E、AutoCAD、CAM 等专业制图软件，并且获得了 AutoCAD 高级技能证书。	介绍自己的学习情况及所掌握的技能、优势。
我正处于人生中精力充沛的时期，我渴望在更广阔的天地里展露自己的才能，我不满足现有的知识水平，期望在实践中得到锻炼和提高，因此我希望加入贵公司。我会踏踏实实做好属于自己的一份工作，竭尽全力地在工作中取得好的成绩。我相信经过自己的勤奋和努力，一定会作出应有的贡献。	结尾表达入职的迫切心情，希望得到回信。

希望各位领导能够予以考虑，我热切地期盼你们的回音。	
感谢您在百忙中所给予我的关注，愿贵公司事业蒸蒸日上，屡创佳绩，祝您的事业百尺竿头，更进一步！	4. 祝颂语。
此致 敬礼！	5. 结语致敬。
附件： 1. 求职简历 2. AutoCAD 高级技能证书 3. 自制圆柱齿轮零件图纸 4. 优秀共青团员荣誉证书 5. 学院演讲比赛荣誉证书 张×谨上 2020 年 4 月 15 日	6. 附件：提供证明自己身份、经历、才能和业绩、获得荣誉的材料。

在这封求职信中，求职者全面而简明地介绍了自己的专业学习情况及取得的成绩和长处。全文层次清晰、结构完整、重点突出、态度恳切、言辞礼貌，是一篇较好的求职信。

例文	评析
求职信	1. 标题。
尊敬的××公司人力资源部主管：	2. 称谓。
您好，首先感谢您在百忙之中阅读我的求职材料！ 昨天《××日报》上刊登了贵公司招聘网络工程技术人员的广告，我自信具备广告中所要求的任职资格与条件。 在广东××职业技术学院计算机应用技术专业学习期间，我学习了C++程序设计、数据结构、数据库原理与应用、操作系统原理、大型数据库应用、微机原理与接口技术、计算机网络通信技术、多媒体技术、网页设计与制作、电子商务等课程。 寒暑假期间，我曾在××学校帮助进行网页设计，协助××乡办企业建立了财务管理数据库，在广州××公司网络技术部参与网络调试工作，实习、实践 4 个月。 在社会实践与实习期间，我对于网络运用、网页设计、大型数据库应用方面的能力有了长足的提升，还培养了良好的交往能力与协调合作能力。上述实习单位均给予我较好的评价（见附件）。 我待人真诚、稳重，工作踏实，责任心强，有一定的组织协调、协作能力和办事能力，群众关系良好。身体健康，无不良嗜好。大学期间曾任团支部书记、学生会学习部长。	3. 正文：开头问候致意，指出写信缘由和应聘的相关职位。简要介绍个人的专业学习情况和实习经历，突出自己胜任应聘岗位所需要的能力。

鉴于上述情况，我期盼能有机会到贵公司面谈，面谈时间由您安排。每天下午我的手机都会开通，手机号码为 139××××3020。	结尾提出面谈的希望，留下联系方式。
此致 敬礼	4. 结语、致敬语。
附件： 1. 个人简历一份 2. 实习单位评价表复印件三份	5. 附件：提供证明自己身份、经历、能力和业绩的材料。
求职者：李×× 2019 年 6 月 18 日	6. 署名。 7. 日期。

优秀的个人求职资料应具备两个标准：一是清楚地介绍自己的情况，让招聘者一目了然；二是充分显示自己的特点与优势，使用人单位产生“非你莫属”的感觉。

实训拓展

请你根据下面的招聘广告写一封求职信。

××公司诚聘员工

本公司主营摩托车制造，因业务拓展，经有关部门批准，现面向社会公开招聘员工 20 名。招聘具体事项如下：

招聘岗位：文秘 1 名、电脑操作员 4 名、公关策划 3 名、营销员 7 名(其中常驻外地 4 名)、流水线维修员 1 名、电气设备管理员 1 名、会计员 1 名、护士 2 名。

应聘条件：大专以上学历，年龄 30 岁以下，品德优良，身体健康，有住房者优先。

公司地址：××市××街××号

邮编：××××××

联系电话：139××××××××

联系人：张先生　王小姐

××××公司人事部

2020 年 5 月 1 日

第四节　求职简历

知识目标

了解求职简历的文体知识和种类，掌握求职简历的基本格式和写作要求。

能力目标

(1) 能够根据职场要求撰写和制作一份求职简历。

(2) 能够针对用人单位的招聘启事撰写一份具有个人特点的求职简历。能够根据个人实际情况制作一套完整、规范的求职文书。

一、求职简历的定义

广义上的求职简历是指简明扼要的个人求职履历或经历。在这里特指求职者或大学毕业生向用人单位推介自己时，对个人基本情况、教育背景、优势特长、任职资格、工作经历等情况，清晰、有效地加以介绍的一种应用文书。求职简历是招聘者在阅读求职者求职申请后对其产生兴趣进而进一步决定是否给予面试机会的极重要的依据性材料。

二、求职简历的特点

求职简历和求职信同等重要，不能马虎了事，需要用心巧妙设计。在书写时应对其求职性、真实性、正面性和精炼性的特点有深入的认识，才能有针对性地设计出适合自己的求职简历。

（1）求职性。求职简历具有鲜明的求职性，目的在于使用人单位对求职者所提供的有效信息产生兴趣，进而提供面试机会。因此，不能把求职简历当成学历和个人经历的简单罗列，而要认识到求职简历是求职者自我推销的一种手段，要突出自己的能力、特点和优势。

（2）真实性。真实性是指写简历时一定要客观、理性地总结自己的经历，做到真实、准确、不夸大、不缩小、不编造，这样才能取信于人，具有保存的价值。

（3）正面性。正面性是指内容应当是正面性的材料。求职简历的内容应当是正面典型材料的荟萃，是求职者闪光点的聚焦。所有内容都应有利于求职者谋求职位的成功，与求职无关，甚至妨碍求职的内容应只字不提。

（4）精练性。精练性是指个人简历要越短越好，在大多数情况下，一两页就足够了。没有必要罗列与求职无关的材料。在设计和书写求职简历时，有些求职者会写上个人兴趣、爱好等，其实这些信息只有在与目标工作有关联时才有撰写的意义。

例如，有一位新闻专业毕业生想要谋求一份体育类节目的编导工作。他在自己的求职简历中列明自己的爱好是打篮球和观看篮球比赛，对国内和国际篮赛非常关注，对国内外的篮球明星也很熟悉。他的这项爱好显然对其应聘是有所帮助的。而一位中文专业毕业的学生想要应聘文职秘书一职，在简历中写道“兴趣：阅读”，要胜任秘书一职需要应聘者有较强的办文、办事、办会的能力，喜欢读书对做秘书有助益但不大。

三、求职简历的种类

求职简历的格式写法并不固定，常用的有表格式、条纹式、表格条纹兼用式等几种。

表格式是将有关内容放在表格中填写。其优点是内容条理清晰，一目了然。不足之处是受到表格限制有些内容无法展开，有时分类比较困难。在绘制表格时可以根据个人实际情况有所选择，以清楚易懂、美观大方、突出重点为主要特色。

条纹式是分条列项地将有关内容加以说明。其优点是不受限制，可根据需要自由取舍，不宜归类的内容或重点详细介绍的内容逐条写清即可；缺点是不如表格式清楚、简单明了。

表格条纹兼用式是将上述两种格式结合起来，在不同的地方使用不同的格式，可以兼用二者的优点，避开二者的缺点，在使用上更为灵活、广泛。

四、求职简历的写作结构

求职简历一般包括标题和正文。正文主要介绍个人基本情况、应聘的职位和目标、受教育情况、工作经历、学习经历、所获得的各种奖励和荣誉等部分。

1. 标题

标题可以直接写“简历”二字，也可以在简历之前冠以求职者姓名。

2. 正文

1）基本情况

个人基本情况指对个人的基本情况作简要介绍，基本情况包括姓名、性别、出生年月日、出生地、民族、政治面貌、职务职称等。这一部分放在最前面，便于用人单位了解，撰写时要简明扼要。

2）受教育情况

受教育情况是介绍求职人的受教育程度，可以按照时间顺序列出求职者的学习过程，包括毕业院校、专业毕业时间、专业课程、技能等级、获奖情况、实习情况等。学习过程主要以大学的学习经历为主。专业课程可以列上主要的、有特色的专业课及学习成绩。这部分要凸显自己的优质形象，只记录重要部分。

3）工作经历

工作经历是最重要的部分。初出校门的大学生，工作经历可以改为社会实践和实习经历，包括在学校、班级所担任的职务、勤工助学、课外活动、义务工作、参加各种团体组织、实习经历和实习单位的评价等。非初出校门的大学生，主要写参加工作之后各阶段的情况，要注意突出主要才能、贡献、成果以及学习、工作、生活中有典型意义的事迹等。这部分内容要写得详细些，通过这些内容用人单位可以考察求职者的团队精神、组织协调能力等。

4）其他部分

（1）求职意向。求职者的求职意向正是用人单位所急需的，因此要让用人单位一目了然。在这里求职者要写清楚对哪些工作岗位、行业感兴趣，表明自己要应聘的职位，说明自己具备哪些资格和技能，对所应聘的岗位有什么要求。

（2）联系方式。联系方式包括联系地址、邮编、电话（区号＋号码）、手机号码、电子邮箱、微信、QQ 号码等。

（3）自我评价。实事求是地对自己进行客观评价，重点是分析优势，突出自己与众不同的地方，形成鲜明的自我定位，让自己的价值更好地被用人单位所认识。在下笔之前可以先仔细罗列自己的性格特点、工作经历找出对所求职位的有利因素，挑选出自己与他人的不同之处，以突出自我的优势。可以结合自己的知识、经验、业绩等方面进行描述。

（4）佐证材料。佐证材料主要包括所获得的各种奖励、荣誉和资格的证书。这部分包括上学期间、军队服役期间、工作期间在出版物上发表的论文、社团成员资格、奖励和获得承认的计算机技能、专利权、语言技能、许可证书和资格证书等。

当然，求职简历的写法没有必要千篇一律，形式也不是纸介质一种。采用哪种形式，要因人而异，要突出个性、富有创意，向用人单位展示自己，达到成功推销自己的目的。

五、求职简历的写作要求

1. 内容上突出个性

撰写求职简历一定要突出个人能力、成就以及过去经验，使简历对用人单位更具有吸引力。写作时应该注意先将本人具备的能力和所取得的成绩列出，阐明自己能够胜任某项工作的理由。在强调成绩的同时，写上结果，并附相应的证明材料。

2. 形式上与众不同

一份出彩的简历可能贵在形式设计，任何一位招聘者都会对别出心裁的简历感到眼前一亮。所以求职者在撰写简历时，应从形式到内容把简历设计得落落大方，不落窠臼，并因此脱颖而出。曾经一位女生就将简历设计成了一份精美的小礼品，结果这份简历不但被招聘方细细品味，而且这位女生的细心、聪慧等优点也得到了赏识，最后求职成功。

3. 篇幅要短小精悍

要使招聘者在最短的时间内读到更多的信息，篇幅最好不超过两页(A4 纸)。如果求职者在校期间已有著作问世或担任组织、团体职务，就要一一列出，实实在在的实践，远比没有成果的虚衔更让人信服。如字数超出，可以另写一页附录。

4. 表达上转劣为优

一个刚毕业的学生，要与那些有相同学历但有更多工作经历的人竞争，年轻、缺乏相关职业的丰富工作经历就是弱势。写作个人简历时需要巧妙处理，以转劣为优。如可以在简历中的工作技能部分强调在社会实践活动中“勤奋苦干……迅速掌握新技能”，以此来弥补所欠缺的工作经验，或表示愿意接受较低的薪水、不起眼的工作任务、长时间或在常规工作时间外工作。在简历中有效地掩饰工作记录空白、频繁离职和教育背景缺陷等问题，也许能帮你获取工作的机会。

例文：

求职简历

<table>
<tr><td>姓　名</td><td>王××</td><td>性　别</td><td>男</td><td>出生年月</td><td>1998.9</td><td rowspan="3">照片</td></tr>
<tr><td>所在学院</td><td>××职业技术学院</td><td>民　族</td><td>汉族</td><td>政治面貌</td><td>共青团员</td></tr>
<tr><td>所学专业</td><td>食品加工技术</td><td>联系方式</td><td colspan="3">电话：159××××7027
qq：15××××741
邮箱：Shi××××agong@163. com</td></tr>
<tr><td>籍贯</td><td>河北××市</td><td>求职意向</td><td colspan="2">甜点师</td><td>学历</td><td>大专</td></tr>
<tr><td>所获奖励</td><td colspan="6">荣获 2017—2018 学年“三好学生”荣誉称号。
2019 年参加××职业技术学院职业技能大赛，荣获第四届裱花技能大赛一等奖。</td></tr>
</table>

主修课程	糕点烘焙加工、饮料加工、食品酿造、加工技术、肉类加工、食品感官鉴定、食品标准与法规、食品工厂技术、食品包装学、食品微生物学、有机化学、无机化学等。
在校经历	2016.9—2019.6 期间担任班级学习委员，协助辅导员管理班级，每周整理考勤表，督促同学认真学习，帮助各科老师收取作业，整理教学日记、学生考勤记录、实验教学记录等。 以运动员身份参加××职业技术学院 2018 秋季运动会、食品系系举办的羽毛球大赛等。 在校期间组织并参加我系 2018 届毕业晚会、元旦晚会。 2018.10 参与组织院级金点子创新创意比赛。 2016.9—2018.6 担任系部摄影师，参加过多种活动等。
能力技能	在校期间积极参与食品加工与制作，熟练掌握各种饮料和烘焙食品的制作流程，能独立加工制作西式蛋糕、甜点、饮料等。 能够独立进行蛋糕创意裱花。 具备一定的组织、领导能力，可以有效地带动身边同学投入工作学习，提高效率。 有一定的创新能力(带着头脑做事，继而能提出改进意见)。 有一定的财务分析能力。
自我评价	本人工作积极认真，细心负责；熟练运用办公自动化软件；善于在工作中提出问题、发现问题、解决问题，有较强的分析能力；勤奋好学，踏实肯干，动手能力强，有很强的社会责任感；喜欢和勇于迎接新挑战。

个人简历

姓名	吴××	籍贯	北京
性别	女	民族	汉
年龄	20	学历	大专
出生年月	1993.08.02	专业	会计学与商务英语
身高	168 cm	电子邮箱	
毕业院校	中国农业大学		
家庭住址	河北省××市花园路 152 号		
联系电话	198××××5632		

技能水平	能熟练操作 Office(Word、Excel、Acccss、PPT)办公软件，英语口语熟练，可以进行日常英语对话。
工作经验	2011.6—2012.6　北京郝淑妮外教辅导中心，英语教师，主要辅导学生口语练习及教学。
	2012.7—2013.6　毕马威国际会计审计事务所，见习会计，协助会计师进行账目审计。
自我评价	本人对工作认真负责；具有极好的工作态度及工作能力，适应能力强，有责任心，有较强的沟通能力，对本职工作能做到尽职尽责，并出色地完成上级交予的任务；能虚心学习他人所长补己之短，不断提高自己；熟悉文秘方面的知识，能熟悉运用 Office 办公软件；能独立处理人事资料，管理与跟踪文件等。

实训拓展

请结合自身实际，设计和制作一份简历，并用电子邮件的方式发送给你的老师，请他帮助你修改。

知识链接

电子邮件

一、电子邮件的定义

电子邮件的英语全称是 Electronic Mail，缩写为 E-mail，它通过计算机网络为用户或用户组之间收发信息服务。

二、电子邮件的特点

目前电子邮件是互联网上使用最为广泛的工具，是网络用户之间快捷、简便、可靠且成本低廉的现代化通信手段，也是互联网上使用最为广泛、最受欢迎的服务之一。

电子邮件最大的优点就是其传递信息的便捷性，它可以用极少的时间和极低的成本广泛地传递信息。电子邮件的作用等同于传统的邮件，但它与传统的通信方式相比有着巨大的优势。

(1) 速度快。电子邮件能轻松地在几分钟甚至几秒钟内发送给对方。

(2) 方便。不用粘信封、贴邮票、跑邮局，只要把邮件写好，填上发送地址，单击“发送”按钮，邮件就会送走。利用软件，还能把收到的邮件管理得井井有条。

(3) 费用低。收发电子邮件几乎没有任何成本。与国际邮件的特快专递相比，具有极大的价格优势。

(4) 形式丰富。利用电子邮件，不仅可以收发文字，还能收发图片、音频、视频等文件。通过电子邮件，我们可以把保存在电脑中的照片发送给亲友，而不必担心照片在信封中被折坏，还可以给朋友发电子贺卡，不仅有精美的图案，还可以配上抒情动听的音乐。

(5) 可靠性高。利用电子邮件从一台电脑传递到另一台电脑，直到目的地，全过程由电脑控制完成，不怕风吹雨打。

三、电子邮件的写作格式

电子邮件的书写与传统的书信写法大同小异。按通行的习惯，书信格式主要包括四个部分：称呼、正文、署名和日期。

(1) 称呼。称呼也称“起首语”，是对收信人的称呼，要左顶格书写。

(2) 正文。正文通常以问候语开头。问候语最常见的是“您好！”“近好！”依时令节气不同，也常有所变化，如“新年好！”“春节愉快！”问候语写在称呼下一行，前面空两格，常自成一段。

问候语之后，常用几句起始语，如“久未见面，别来无恙？”“近来一切可好？甚念！”之类。问候语要注意简洁、得体。

接下来是正文的主要部分，即写信人要说的话。它可以是禀启、复答、劝谕、抒怀、辞谢、致贺、请托、慰唁，也可以是叙情说理、辩驳论证等。这一部分动笔之前，要成竹在胸，明白写信的主旨，做到有条有理、层次分明。若是信中同时要谈几件事，要主次分明、有头有尾、详略得当，最好是一件事一段落，不要混为一谈。

正文的结尾部分，一般写上表示敬意、祝愿或勉励的话，作为书信的收束。

(3) 署名和日期。由于电子邮件是基于网络的一种交流方式，并且经常以添加附件的形式发送，邮件正文往往只是告知收件人查收你发的附件，所以“邮件正文”可以不拘泥于形式，只要把你的意图表达清楚就行，有时甚至可以一句话都不说，只发张贺卡、一首音乐或一首小诗。

【思考与练习】

1. 毕业论文有哪些特点？
2. 毕业设计的写作要求是什么？
3. 求职信和求职简历的作用有何不同？它们各自的特点是什么？
4. 请以自身实际情况写一份求职信，求职单位可自行决定。
5. 你求职成功，请发一封电子邮件告诉你的亲人或朋友。
6. 填写履历表练习。

<table>
<tr><th colspan="6">履历表</th></tr>
<tr><td rowspan="5">个人基本资料</td><td>姓名</td><td></td><td>性别</td><td></td><td rowspan="5">照片</td></tr>
<tr><td>出生年月</td><td></td><td>民族</td><td></td></tr>
<tr><td>学历</td><td></td><td>籍贯</td><td></td></tr>
<tr><td>主修专业</td><td></td><td>学位</td><td></td></tr>
<tr><td>身高</td><td></td><td>体重</td><td></td></tr>
<tr><td>求职意向</td><td colspan="5"></td></tr>
<tr><td>教育背景</td><td colspan="5"></td></tr>
<tr><td>工作经历</td><td colspan="5"></td></tr>
<tr><td>个人特点</td><td colspan="5"></td></tr>
<tr><td>获奖证书</td><td colspan="5"></td></tr>
<tr><td>联系方式</td><td colspan="5">家庭住址：
联系电话：
邮箱：</td></tr>
</table>

第四章　企事业单位活动文书写作

第一节　策　划　书

知识目标

1. 了解策划书的定义和分类。
2. 明确策划书的特点。
3. 掌握策划书的写作要点。

能力目标

能够根据需要准确地确定策划目的和主题，并在此基础上完成整个任务的策划书。

一、策划书的定义

在《辞海》中，“策划”被解释为“计划”“打算”之意，综合古今文献对策划的解释，其含义应为：通过对事件、活动的性质及要求的调查了解，结合所要实现的目的，从整体上制订事件、活动等的实施步骤和方法，以便指导操作者最大限度地实现所需目标。

策划书是对未来将要进行的事件或活动进行策划，把策划方案通过文本形式展现出来。策划书是为了有效实现目标而把思维过程和实施过程进行清晰的规划，以此来提高事件、活动等的实施效率，保证实施质量。

二、策划书的种类

策划书根据服务的项目及要实现的效果的不同，一般可分为广告策划书、商业策划书、创业项目策划书、营销策划书、网站策划书、新闻报道策划书、项目策划书、公关策划书、婚礼策划书等等。

三、策划书的特点

（1）策划是一种思维活动，是人对客观世界能动性的反应。马克思主义认识论认为，人的意识是对客观世界的反应，客观意识具有决定作用。但是，人的意识对客观世界的反应不是被动的，而是一种能动的反应，在一定的条件下，意识能够对客观世界起反作用。因此，策划书就是人们建立在客观事物已有发展的基础上而制订的下一步的发展计划。

（2）策划是一种有计划、有目的的活动，是一种具有积极指导作用的活动。人们日常生活中所拥有的意识的能动性，是人类所特有的一种有目的、有计划地改造世界的能力。为了实现愿望和目标，为了能够顺利地完成事件或活动任务，人们通过调查了解事件或活动的相关信息，结合自身想要实现的目的，对将要完成的事件或活动进行提前的布置与安排，这一切都是由最终想要实现的目的来决定的。

(3) 策划是一种具有创新性的活动。策划是对未来将要发生的事件或举办的活动的规划、设计和安排，在主体现有状态基础上的一种改变。要想更好地把事件或活动向前推进，并且在激烈的竞争中处于不败之地，就需要有创新。通过制订策划书来决定事件或活动的未来发展走向，只有创新才能改变原有状态，才能把主观意识变成客观现实，推进事件或活动朝着我们预想的方向发展。

四、策划书的写作要求

1. 确定主题

主题是整个策划的灵魂和方向。主题是策划最终要实现的目的，是引领整个活动实施的方向。主题是对活动内容的高度概括，是通过策划所要实现的活动的具体目的，是统领整个活动，连接各个项目、各个步骤的纽带。活动要想实现应有的目的，为广大公众所接受，就必须选好主题。

主题的形式是多种多样的，它既可以是一句口号，如“弘扬五四精神，创造青春辉煌”“为中华崛起而读书”等，也可以是陈述式的语句，如“世间自有公道，付出总有回报，说到不如做到，要做就做最好 ”。策划方案中的主题看似简单，但想要设计出能够反映我们的目的，又能够贴近生活，被大众所接受，并且可以具体落实实施的方案，实际上设计难度很大。它既要拔高，又不能空洞，还必须贴近受众的接受心理。

2. 说明、陈述背景

想要有效地把活动实施下去，实现最终效果，在主题确定后，首先要了解活动所涉及的要素的现状。知己知彼才能百战百胜，结合要实现的目标，有意识地了解活动中所涉及的各个项目，如现有人员、事物等的发展历史，现有基本情况，社会发展方向，相关领域发展现状，在此基础上的动机、目标等。其次，应认真分析活动或事件所处的自然和社会环境特征，主要考虑环境的内在优势、弱点、机会及威胁等因素，对这些因素进行全面分析的基础上，将重点放在对历史背景的梳理和总结上，从而制订相应的实施计划。若环境情况不明确，则应该认真通过调查研究获得真实详细的信息，而不能忽略。

3. 阐述活动目的及意义

阐述活动的目的和意义时，要思路清晰，突出此次活动的重点，总结提炼出此次策划的独到之处和重要意义，这样才能够真正有指导意义，才能更好地帮助实施者落实重点，突出优势，体现其独特性。

4. 确定活动实施的具体要素

主题和方向确定后，具体实施之前要先把活动设计的具体要素确定下来，如活动时间、地点、参与者等。注意要以清晰的分类方式及明确的表述罗列出具体要素，必要时这些要素可运用多种形式来表示，如表格、各种示意图等。

5. 确定活动形式

根据主题需要，结合参与的具体要素，确定活动的举行形式，不局限于某一种形式，要选择最能反映和表达主题的形式，而且在组织过程中可以多种形式结合在一起，以追求最佳效果。

6. 活动力量配置

要事先安排好活动所需的各方要素和人员力量，尤其是人员的组织安排上要责权分明，这样才能保证活动的各项目标任务有效地落实下去。

7. 活动的进程安排

把活动的各项任务具体安排落实下去，形成在策划书中，必要时可以采用表格等形式使项目及落实方式一一对应，便于实施时思路清晰，落实到位。

8. 预期问题的处理

在活动进行过程中可能会出现一些问题，这些问题事先应考虑周到，可以避免的应采取措施尽量避免，不能完全预料和掌握的应做好应急预案，以避免更大错误的出现，把可能出现的损失降到最低。

实训拓展

下面是一个关于新闻报道的策划书模板，供大家参考。

1. 在活动策划书中，主题的确定尤为重要。假如你是一名新闻媒体的工作者，你所在的媒体要以改革开放四十周年为背景制作一档大型直播节目，请你根据该背景确定本次节目的主题，并根据需要写出一份关于此次节目的策划书。

例文

新闻报道策划书

一、确定报道主题

确定此次报道的主题。

二、选题分析(背景、意义分析)

1. 报道(选题)背景；

2. 报道目的(意义)。

三、前期准备

1. 采访对象；

2. 采访所需资料。

四、新闻报道具体要素

1. 报道时间；

2. 报道地点；

3. 报道范围；

4. 涉及的采访对象。

五、报道实施方案

1. 报道形式(报道类型、主题)；

2. 报道思路(重点突出)。

六、报道力量配置(注意要责权明确)

1. 人员安排；

评析

这是一个简单的新闻报道策划书模板，从确定报道主题开始，策划书分为八大点，对即将进行的新闻报道活动进行了周密的策划安排，按照此模板安排整个报道，将会使整个报道过程井然有序，有助于整个新闻报道顺利实施，最终实现预期传播目的

2. 组织管理方式； 3. 财、物配置。 **七、具体报道进程安排** **八、预期问题的处理方式** 可能出现的问题，以及解决问题的预案。	

2. 在“十一”新中国生日即将到来之际，××高校将举办“为祖国而歌”大型歌咏比赛，同时以各系部为单位开展同主题拉歌活动。你作为学校此项大型系列活动的负责人，请你写出此次活动的策划书。

第二节　倡　议　书

知识目标

（1）了解倡议书的定义和特点。

（2）掌握倡议书的写作方法。

能力目标

能够根据需要明确倡议内容，并在此基础上按照要求完成倡议书。

一、倡议书的定义

倡议书是由个人或集体提出建议并公开发起，希望共同完成某项任务或开展某项公益活动所采用的一种专用书信。

二、倡议书的特点

倡议书是发动群众开展活动的一种手段，具体有以下几个特点：

（1）广泛性。倡议书不是对某个人、某集体或某单位而言的，它往往面向很多人同时发出，甚至向全国或更广泛范围内发出，所以其面对的对象具有广泛性。

（2）对象的不确定性。倡议书是要求很多人响应的，同时其面对的范围也很大，往往具有不确定性。因为参与人员具有不确定性，因此它本身不具有很强的约束力。

（3）公开性。倡议书是一种广泛发布的书信，可以激起更多的人响应，以期在最大的范围内引起共鸣。

需要注意的是，倡议书是一种建议、倡导，而不是强制大家去做某事，所以倡导的基调要把握好，要让人们理解倡导的内容和含义，自愿参与活动，实现最终效果。

三、倡议书的写作格式

1. 标题

倡议书的标题可以为“倡议书”，也可以添加倡议的内容或单位，如“关于在全市开展环境保护活动的倡议书”。

2. 称谓

倡议面很广的、泛指的倡议书可省略称谓，如有明确倡议对象的，可写上倡议对象的名称，如“××支部全体党员”“××学院××届全体毕业生”。

3. 正文

正文分为引言和主体部分。引言写明原因、目的、形势、背景，通过“特提出如下倡议”过渡到主体。主体写明建议或希望大家做什么、怎么做，按照需要逐条列出。

4. 落款

落款要写出倡议发出者或单位的名称，如有几个部门或单位联合发出倡议，谁牵头组织谁排在最前面，然后逐行签写倡议部门或单位名称，最后在署名下写出发出倡议的时间。

四、倡议书的写作要求

倡导内容要有明确的目的性和可行性，语言要有号召力，为扩大影响可采用多重手段，如公开张贴、通过新闻媒体发布等。有关方面响应倡议书发出的倡议叫附议，写法相同。

例文评析

例文	评析
中小学生文明参与交通倡议书 新学期已经开始了，为全力做好开学季交通安全管理工作，营造良好的道路交通环境，从源头上预防和减少涉及中小学生的道路交通事故，××市公安局交警支队联合本地教育部门对所属范围内中小学生发出以下倡议：	倡议的发出者和接受者在文中都已经表明，引言中写明了发出倡议的背景及原因。
一、严格遵守学校的交通安全规章制度，认真学习交通安全法律法规和交通安全常识。 二、驾驶电动车应靠道路最右侧行驶，途经有非机动车道的道路应在非机动车道内行驶。 三、自觉服从交警管理，听从交警指挥，遵守交通安全法律法规，杜绝闯红灯、逆行以及违法载人等交通违法行为。 四、未满十六周岁的学生不得驾驶电动车，学校应加强上学、放学期间的安全教育和监督管理。 五、乘坐摩托车、电动车应正向骑坐，并按规定佩戴安全头盔。 六、乘车时不乘非标三轮车、四轮车、无牌无证、车况不良(破旧)、超员、农用三轮车、拖拉机之类的车辆。 七、骑自行车时做到不相互追逐、搭肩、闲谈、双手离把、突然猛拐，并且做到不骑自行车带人。	主题部分条理清晰地列出了倡议的内容，简单明了，具有可行性。
同学们，交通规则并不复杂，只要稍加用心，谁都能熟练掌握，关键在于你是否具备交通安全意识，是否善待自己的生命。希望广大中小学生自觉遵守交通法规，积极配合交警开展交通	最后一段具有号召力和感染力，通过讲道理鼓励大家参与进来，以身作则。

安全管理工作，共同维护××市良好的交通秩序，在保证自身安全的同时，为身边的同学和家人做出遵章守法的榜样。 ××市公安局交警支队 2019 年 2 月 21 日	

实训拓展

1. 低碳生活是指生活作息时所耗用能量要减少，从而减低碳的排放量，特别是二氧化碳的排放。低碳生活，对于我们普通人来说，是一种态度，而不是“行为艺术”，所以我们应该积极提倡并去实践低碳生活，注意节电、节油、节气，从点滴做起。请你代表所在学校就此内容拟写一份倡议书。

2. 1995 年联合国教科文组织将每年的 4 月 23 日定为“世界读书日”，旨在号召人人读书，让读书成为每个人日常生活不可或缺的一部分。在第××个读书日即将来临之际，为进一步激发在校大学生的阅读兴趣，让大家放下手机，多读书、读好书，提高自身素养，营造浓郁的校园文化氛围，请你代表学校图书馆向全校师生发出倡议，拟写一份倡议书。

第三节　请　　柬

知识目标

(1) 了解请柬的定义和特点。

(2) 掌握请柬的写作格式。

(3) 了解请柬写作的注意事项。

能力目标

能够根据活动、会议等的需要正确完成请柬的写作任务。

一、请柬的定义

请柬又称请帖、邀请书，是机关、团体或个人邀请有关人士参加会议、庆典或某种活动时发出的一种简洁、直观的礼仪性公关文书。

二、请柬的特点

(1) 告知性。在邀请对方参加会议、庆典或其他各种活动之前，首先起到通知、告知的作用。

(2) 严肃性。一般在重要会议、重要活动、大型活动中主办方才会向重要的客人发送请柬，因此请柬具有严肃性。

(3) 礼节性。即使收邀请的人已获知此事，但基于对对方的尊重和礼貌，仍应以请柬郑重邀请对方。

三、请柬的写作格式

目前我们常用的请柬大多是折叠式的，分为封面和封里两部分。

1. 封面

请柬的封面分为横式和纵式两种类型，按照纸面横纵的不同，文字的写作顺序不同。

2. 封里

（1）标题：请柬的标题可单独由文种构成，即“请柬”“请帖”或“邀请书”；也可由发文单位名称、发文事由和文种构成，如“××学院第一届演讲大赛请柬”。

（2）称谓：如“××同志”“×××教授”等。在第一行顶格写明被邀请的单位名称或被邀请者的姓名及头衔，并在其右侧添加冒号。

（3）正文：在称谓下一行空两格写起，要写明邀请的缘由、活动内容、活动时间和活动地点等。如果需要客人做什么样的准备，如着装等，可一并写明。

（4）结语：在正文下行顶格书写“敬请光临”“恭候大驾”等礼貌用语，也可在这行空两格写“此致”，在下行顶格写“敬礼”作为结尾。

（5）文尾：在正文右下方写明邀请者的名称和制作请柬的时间。若是婚礼请柬，则应将新郎、新娘的姓名都写上，并在姓名后写上“鞠躬”“谨订”等词语以示尊敬。

四、请柬的写作要求

1. 信息务必要准确

在写作请柬时，举行活动的时间、地点、被邀请人的姓名、头衔等，都必须认真核实，以防出现错误。

2. 用语礼貌得体

请柬虽然具有告知作用，但同时还具有请求、商量的含义，因此，在用词上一定要讲求礼貌用语，不能出现命令式、指派式的语句。

3. 把握送达时间

请柬一定要让被邀请的单位或个人提前拿到，以便被邀请对象能够提前安排时间，确保准时参加。

例文评析

例文

请　　柬

尊敬的×××先生（女士）：

　　兹定于10月18日晚7:00—9:00在市文化艺术中心举行重阳茶话会，届时敬请光临。

　　此致

敬礼

××市老干部局

××××年×月×日

评析

这是一篇老干部局邀请有关老干部参加重阳茶话会的请柬，时间、地点、参加人员、具体内容等简洁明确，邀请的效果已经实现。

实训拓展

1. ××大学拟定于5月4日在学校礼堂举行纪念五四运动大会，其中要邀请本校优秀的毕业生代表参加大会，请你就此事拟写一份请柬。

2. ××学院将于6月15日举办全院英语演讲大赛，希望邀请在学院任教的几位外籍教师前来观看比赛，请你就此事拟写一份请柬。

第四节　简　讯

知识目标

（1）了解简讯的定义和特点。

（2）明确简讯的作用。

（3）掌握简讯的写作要点。

能力目标

能够根据需要准确地确定主题，并在此基础上完成整个任务的策划书。

一、简讯的定义

简讯又名简讯息、短消息，是用简短的文字内容描述事件的主要内容或任何主体的发展情况。

简讯在新闻报道体裁中又称短讯、简明新闻，是在最短的时间内把新近发生或正在发生的事件用最简短的文字报道出来。它短小精悍，时效性强。

二、简讯的特点

（1）内容简短。简讯篇幅一般在200字以内，主要说清事件、活动、人物等基本信息，或展示新闻事件中的重要部分或重要意义。

（2）时效性强。阅读者阅读简讯的目的之一就是追求“快”，就是想在最短时间内获知事件真相。在新闻报道中，简讯尤其体现出时效性强的特点，及时通过概述新闻五要素向受众描述新闻内容。同时，短小的篇幅可使写作速度加快，简讯中呈现的内容可以快速地呈现给阅读者，使其了解事件、活动等情况。

（3）新鲜性。新鲜性是简讯的重要特征，也是其吸引阅读者的重要因素之一。只有反映新情况、新问题、新动向、新观点等相关内容，才能帮助阅读者及时了解身边及社会生活中的最新情况，以便大家及时根据变化的情况做出调整，也才能真正引起大家的关注。

（4）告知性。通过简讯告知阅读者最新发生的新闻事件，以及大家需要的社会生活中的各类信息。

（5）指导性。在及时告知的基础上，简讯能够及时、简明扼要地向公众报道近期发生或正在发生的事件或动态，受众通过简讯内容及时了解自身生存环境的变化，以便做出适时的应对。同时，针对那些不便于详细报道或采访过程中无法呈现现场场景的报道内容，利用简讯可以对事实进行简要的概括，有利于扩大简讯报道的范围。

(6) 汇报性。简讯是对事实主体的简要概括，如公司简讯、企业简讯等，是工作人员向上级领导者汇报时所需要的。

(7) 交流性。简讯是阅读者了解最新信息的常用方式，通过其对主题内容的概述，写作者可以通过简讯与阅读者实现信息的传递和交流。

三、简迅的写作格式

简讯一般包括以下几部分：

1. 标题

标题用简短的一句话来概括简讯的主要内容。如果把若干条简讯集中编排在一起报道，也可不加标题。

2. 导语

导语放在内容开头的第一句话，简明扼要地概括简讯的主要内容。

3. 主体

主体是简讯的主要部分，要求内容具有高度的概括性，思路清晰、层次分明。

4. 结尾

结尾是对简讯内容的小结或对事件未来发展趋势的预测和展望。如果上面的主体已经表述清楚，则可以不加结尾。

例文评析

例文	评析
国家统计局最新数据显示：4 月份，国民经济延续总体平稳、稳中有进的发展态势。全国服务业生产指数同比增长 7.4%，现代服务业增势良好；全国规模以上工业增加值同比增长 5.4%，新产业、新产品增长较快；社会消费品零售总额同比增长 7.2%，网上零售快速增长。	1. 例文发布 4 月份我国国民经济发展态势，用数据证明发展趋势，指出发展方向。层次清晰，简单明了。
“我和我的祖国”征文征集活动自今年 1 月启动以来，社会各界热情参与，截至目前已收到文学、摄影、短视频等各类文艺作品 3.4 万余份，本次活动将于 6 月 30 日截止。	2. 报道简明扼要地概括了征文活动的名称、时间等要素，并介绍了至今为止的参与情况，语句流畅，短小精悍。
我国夏粮主要作物小麦已由南向北渐次成熟，湖北、河南、安徽等地进入集中收获期，一年一度的大规模小麦跨区机收再次拉开序幕。据农业农村部 29 日统计，截至 28 日全国已收获小麦 4000 万亩，当天机收面积 694 万亩。	3. 简讯介绍了全国夏粮作物小麦的收获情况，时效性强，言简意赅。

2019 中国国际大数据产业博览会昨天(29 日)在贵阳闭幕。本届数博会共举办 50 多场高端对话和专业论坛，49 项领先科技及一批大数据研究成果发布。数博会期间，多种智能机器人的亮相、同步举办的无人驾驶全球挑战赛等一系列活动，让观众感受到智慧科技触手可及。	4. 简讯及时报道了博览会的最新情况，同时总结性地介绍了博览会的内容及会中的重点、亮点，通俗易懂，简洁流畅。

实训拓展

1. 5 月 4 日下午，××学院××系组织了一场以“激扬中国梦，做时代新人”为主题的演讲比赛，参赛人员为××系各专业一、二年级学生。经过选手们激烈的角逐，最终评出了一等奖 1 名，二等奖 3 名，三等奖 5 名。请就此事写一篇简讯。

2. 请把以下新闻报道改写成简讯。

1445 种全新病毒科被发现
“RNA 病毒圈”或被重新界定

记者金振娅 23 日从中国疾病预防控制中心获悉，该中心传染病所研究员张永振的团队在病毒起源和进化的研究中取得重大突破——发现了 1445 种全新的病毒科，极大丰富了 RNA 病毒的多样性，并从遗传进化的角度揭示了 RNA 病毒发生和进化上的基本规律，其中一些病毒与现有已知病毒的差异性之大，以至于需要重新被定义为新的病毒科。

据张永振介绍，新发现的这些病毒填补了 RNA 病毒进化上的主要空缺，并揭示了一个以宿主转换和共进化为特征的病毒进化史。总的来说，这些数据呈现了一个比目前的分类系统所描绘的亲缘进化关系更复杂且基因组多样性更丰富的病毒圈，从而为病毒的生态和进化研究提供了更坚实的基础。同时，这项突破也改变了病毒学的传统观念，为认识生命的起源进化提供了新的基础。

RNA 病毒是生物病毒的一种。常见的 RNA 病毒中就有公众很熟悉又避之不及的几种病毒，诸如艾滋病病毒、“非典”病毒、埃博拉病毒、禽流感病毒等。其在病毒复制过程中变异很快，所以很难研制出相应的疫苗。据介绍，全新病毒的发现也揭示病毒基因组具有极其巨大的灵活性，包括频繁的重组、病毒和宿主间的水平基因转移、基因的获得和丢失以及复杂的基因组重排。

“进一步解析新发现病毒与已知病原体间的关系，揭示其传播规律及其对人的致病性将有助于我国对新发、突发传染病的防控，做到‘早识别、早预警、精准防控’。未知病毒的检测与筛查体系也有助于提高我国由不明原因引起的传染病临床诊断能力，确认病原体，从而做到针对性治疗。”张永振介绍。

在长达数年的科研攻关中，该团队针对 9 个动物门、超过 220 种无脊椎动物标本进行了转录组测序，这种测序是以特定样品中微生物群落的全部 RNA 为研究对象，从转录水平上分析微生物群落中活跃菌种的组成及其相关情况。

据悉，研究成果即将在国际顶尖科学杂志《自然》上发表。鉴于该研究成果的重大生物学意义，《自然》总部决定在论文上线前，于美国东部时间23日13时召开新闻发布会，向全球介绍这一重大成果。

资料来源：《光明日报》(2016年11月24日06版)

第五节 计 划

知识目标

（1）了解计划写作的范围和特点。

（2）熟知计划的分类。

（3）掌握计划的写作方法。

能力目标

能够结合自己的行业、专业特点，结合上级机关的工作要求精神，熟悉操作规程，在计划中做到统筹安排，解决实际问题。

一、计划的定义

计划是党政机关、企事业单位、社会团体对今后一段时间的工作、活动做出预想安排的一种事务性文书。计划能够建立起正常的工作秩序、明确工作的目标，是领导指导、检查，群众监督、审察工作成绩的依据。计划也是一段时间后本单位总结工作的基本标准：完成或超额完成工作计划，说明工作业绩是突出的；没有完成工作计划，说明工作中或许存在各种问题。

实践中，计划有多种名称，如“方案”“设想”“要点”“规划”等。

二、计划的特点

计划是对未来一段时间工作开展的预想和安排，具有针对性、预见性、可行性、约束性的特点。

（1）针对性。制订任何一份计划都必须有明确的指向性、目的性，说明在计划时间内完成的任务、需要达到的目标。计划是能够如期完成工作的前期准备，要针对具体的工作任务和对象，若此项不明确，计划就失去了现实意义。

（2）预见性。预见不是空想，是建立在本人、本单位的实际情况、基本条件的基础之上，参考以往的成绩、出现的问题制订出来的。计划是在行动之前对行动的任务、目标、措施方法等作出预见性的确认，要考虑到做什么、怎么做，开展过程中可能出现的问题，需要采取的措施、作出的预测。

（3）可行性。制订计划的目的是为了完成任务和指导工作，最终结果是要付诸行动的。制订计划必须依据实际情况，做到切实可行，在实际工作中才能行得通。若只计划而无法施行，计划就失去了实际意义。这就要求写作者能够很好地将上级指示精神与本单位、本部门具体情况相结合，提出切实可行的目标、措施、方法。

（4）约束性。一经公布的计划，是各项工作的规范和指南。大型工作计划是检查工作进度的依据，也是协调所有部门统一行动的手段，例如国家制订的“十二五”“十三五”计划，是对未来国家各项工作的安排，所有机关、社会团体、个人的工作都不能偏离计划的大政方针。某项工作的实施方案，对指定范围内开展工作的单位和个人都具有约束力，作为这个集体的一分子都有责任遵守方案规则。

三、计划的种类

（1）按照使用的时间长短可分为长期计划、中期计划、短期计划等，具体还可以分为十年计划、五年计划、学期计划、年度计划等。

（2）按照活动领域和工作内容可分为学习计划、工作计划、教学计划、采购计划、财务计划等。

（3）按照内容涉及的宽广度可以分为综合性计划和专题性计划。

（4）按形式分可分为表格式计划、条文式计划、条文与表格结合式计划。

四、计划的写作格式

计划一般包括标题、正文、结尾和落款四个部分。

1. 标题

标题 一般由四个部分组成：计划制订者、计划时间、计划内容和计划名称。常见的写法有：

（1）单位名称＋时限＋内容，如《××学院 2015 年教学计划》。

（2）单位名称＋工作内容＋文种，如《××公司市场部最新营销计划》。

（3）发文机关＋事由＋文种，如《省教育厅关于建档立卡工作的部署》。

（4）情况特殊者也可以在标题后面加注“草案”“初稿”“征求意见稿”等字样，如《××省 2016 年再就业工作实施方案(讨论稿)》。

2. 正文

（1）引言：说明制订计划的指导思想、基本情况，计划的依据和理由，提出计划完成的必要性。这一段简要明了即可，不必要大段套话。

（2）任务和目标：这部分主要说明“做什么”“做多少”的问题。首先明确指出总的目标，根据目标详细写出任务的数量、完成时间、完成质量和完成程度。

（3）措施和步骤：这部分主要说明“由谁做”“何时做”“怎么做”的问题，这一步是落实计划的关键，写明计划需要组织哪些部门人员力量来完成(组织分工)；完成任务的先后顺序，采取的手段、途径、条件(进程安排)；实施计划的人力和物力配备等(物质保障)。

3. 结尾

一般在结尾处提出希望、发出号召，鼓励大家一起实现目标。也可再次强调任务的重要性和主要工作环节，注明需要应注意的事项，明确执行计划的要求等。

4. 落款

在正文的右下角书写计划制订的时间，标题中未出现单位名称的还需要署名制订单位名称。方案、要点、规划等需要上报或下发的文件，还需要加盖单位公章，写明主送、抄送单位。

五、写作要求

1. 操作性强

计划文书是用来执行的，一定要把任务的目标要求、步骤和措施、完成时间清楚地表达出来，执行的单位或个人能够更好地掌握工作的目标和进度。

2. 简洁准确

工作目标及文体用语要求言简意赅。工作目标和实施步骤交代清楚即可，忌用假大空话语凑字数。首先，要将任务表达清楚；其次，要做到条理清楚、层次分明。不同任务目标分条交代清楚，切忌任务不明确、分工混乱。

3. 熟悉工作任务和性质

好的计划起草人一定是每个行业的行家里手，了解自己行业的特点，领会上级机关的精神要求，熟悉工作流程，这样在计划书中才能既做好统筹安排，又解决实际问题。

4. 计划和清单分开

计划是用来实现某个目标的步骤列表，其中包含了时间和所需资源。如果只是罗列清单，就不具有可执行性，不算是合格的计划。

例文评析

例文	评析
××县2018年人工影响天气工作计划	标题(包含计划时间、计划内容，计划制订者)。
为切实加强人工影响天气现代化建设，完善基础配套，着力提高人影工作的科技水平和作业能力，充分发挥人影工作在农业生产、防灾减灾中的重要作用，制订本工作计划。	正文： 1. 引言。说明计划制订的依据和理由，尽量简明扼要。
一、主要计划目标 1. 3月31日前完成指挥员和作业人员培训、作业装备的维护保养，落实经费和弹药采购等各项准备工作，同时各炮点选拔1名优秀炮手参加全市4月上旬的人影比赛，4月上旬全县人影进入外场作业状态，4月底前完成对全县所有高炮的年检。 2. 加强炮点规范化建设，继续整治作业点安全环境，全县所有炮点的作业环境达到安全要求。 3. 适时进行增雨防雹作业，高炮防雹作业区内不出现冰雹灾害。如遇春旱和伏旱，可进行火箭为主、高炮为辅的增雨作业。 4. 做好人工影响天气作业期间的安全管理和防控工作，确保全年不出安全责任事故。一是弹药安全管理。4月至9月外场作业期间，各镇(街道)要加强弹药安全管理，建立健全弹药的仓储、运输、使用登记制度，切实做到弹药的防盗、防火、防潮、防	2. 任务和目标。这部分主要说明“做什么”“做多少”的问题，首先明确指出总的目标，根据目标进一步详细写出任务的数量、完成的时间，完成的质量和完成程度。

雷。二是严格按照高炮安全操作规程实施作业。三是每次作业结束后，及时对高炮进行检查和保养维护，确保高炮始终处于良好作业状态。

5. 各炮点在作业期间(4 月～9 月)未严格执行 24 小时有人值守班制度的，作业集结时间超过 30 分钟的，符合作业条件的炮点不能及时作业的，炮点炮手不足 4 名的，其他未按人工影响天气作业规定执行的情况等发生时在年终目标考核中扣分。每月 5 日前县人工影响天气办公室对上月各炮点人影工作情况进行通报，并以此作为年终目标考核的依据。

6. 撤离外场作业状态后，对高炮进行全面检查和维护保养，封存入库。做好弹药、弹壳的清点登记，安全交接入库。

7. 在年初对上年度的优秀炮点及优秀炮手进行表彰奖励。

二、组织领导

1. 县人工影响天气领导小组负责全县人工影响天气工作的领导，人工影响天气领导小组办公室负责检查、监督、指导和协调全县人工影响天气工作；县气象局负责组织实施人工影响天气作业；财政部门负责人影经费的保障和监督工作。

2. 各有关镇(街道)要成立相应的领导机构，确定分管领导，加大管理力度，确保各项工作落到实处。负责选拔组建炮手队伍，并落实好炮手的待遇及值班人员的生活保障。要按标准完成规范化炮点建设，实行专人负责制，及时督查炮点安全管理制度的落实情况，做好炮点的安全管理和民事纠纷、事故处理等工作。要高标准配置炮点所需的通信、照明、作业装备。各镇(街道)要严格落实安全生产责任制，消除各种安全隐患，杜绝安全事故的发生，实现作业安全、及时、有效。

三、作业方式和时间安排

1. 人工防雹作业。作业方式：主要采取高炮进行人工防雹作业；作业时间：4 月～9 月。

2. 人工增雨作业。作业方式：采取高炮和火箭联合作业方式开展人工增雨作业；作业时间：4 月～9 月采取高炮和火箭联合作业方式开展人工增雨作业；10 月至次年 3 月采取火箭作业方式进行人工增雨雪作业。

四、作业要求

1. 严格执行人工影响天气作业空域申请制度及作业程序，县气象局负责向市人影办申请作业空域及组织指挥各作业点的增雨防雹作业。

2. 人工影响天气指挥和作业人员经培训考核合格后上岗，作业使用的高炮、火箭必须年检合格，严禁使用未经年检和年检

3. 措施和步骤，这部分主要说明“由谁做”“何时做”“怎么做”的问题，这一步是落实计划的关键，写明计划需要组织哪些部门人员力量来完成，完成计划目标的先后顺序。

不合格的高炮、火箭等作业装置。 3. 令行禁止。作业人员服从统一指挥，不得擅自作业，作业时要加强对空观察和落弹区的调查，做好人雨弹出入库和消耗登记，切实做到安全作业。 4. 严格执行人工影响天气作业上报规定，及时向市人影办上报作业信息，收集和整理与作业有关的实时气象探测资料，对作业效果及时进行评估。 5. 加强安全检查和安全教育。作业期间要认真做好定期检查和不定期抽查，发现问题及时督促整改；加强安全教育，增强安全意识，认真执行安全生产目标责任制度，切实落实好责任追究制度。	结尾。再次强调任务的重要性和主要工作环节，注明需要注意的事项，明确执行计划的要求等。
××县气象局 2017年12月19日	落款。署名制订单位名称和制订计划的具体时间。本例文为方案类计划，下发前需加盖公章。

例文分析：以上计划内容三要素即目标、措施、要求齐备，分别回答了做什么、怎么做、做到什么程度的问题，条理清楚，可操作性强。

实训拓展

根据自己的实际情况，写一篇个人计划，主题不限，可以包含学习、学生会社团工作、实验实训、社会实践等。要求：格式规范，要素完备，条理清楚。

第六节　总　　结

知识目标

（1）了解总结写作的范围和特点。

（2）熟知总结的分类。

（3）掌握总结的写作方法、写作要求。

能力目标

能够按照总结写作的要求，在具体学习、工作完成的基础上，对各项任务作出汇总，并用于指导今后任务的开展。

一、总结的定义

总结是单位或个人对过去一段时间的工作、学习、各项实践活动做出回顾分析、归纳评价，用于更好地指导今后各项活动开展的事务性文体。一般情况下，总结和计划是相对应的，总结是计划执行后的结果，体现出做了什么、如何做的、结果如何。我们常见的汇报评估、回顾、阶段工作小结都属于总结文体。

二、总结的特点

（1）客观性。总结是对已经完成的工作、已经发生的事情概括、归纳的过程。其中涉及的各项数据、信息、完成情况都必须以自身或本阶段的实践活动为依据，禁止随意夸大成功经验、缩小失败事实、篡改等歪曲事实的做法。

（2）自我回顾性。总结是对过去的一段时间工作、学习等实践活动的检验，和计划是相对应的文体。其中的成绩、做法、经验教训都有自我性特征，回顾是为了更好地指导下一阶段工作，因此从本单位或本人的实际情况回顾分析、做出下一步的工作展望才有实际指导意义。

（3）理论性。总结不要事无巨细，选择最能说明问题的材料进行概括性的叙述，从以往的工作经验和问题教训中寻找共性的根源，总结不只是陈述工作情况，更要揭示理论性认识，为下一步工作和学习打好坚实的基础。

三、总结的种类

（1）按照内容不同可以分为学习总结、教学总结、会议总结、生产总结等。

（2）按照活动范围不同可以分为本单位总结、部门总结、个人总结、地区总结等。

（3）按照活动时间不同可分为年度总结、季度总结、阶段性总结等。

四、总结的写作格式

总结的写作内容一般包括标题、正文和落款三部分。

1. 标题

（1）单一标题。单一标题由单位名称、时间、内容、文种组成，前三项可以根据实际情况省略或添加，正标题越简洁越好，如《××学院2017年度学生思想政治工作总结》。

（2）正副标题。由正标题点明总结的主旨，副标题说明单位名称、时间、内容等，如《顾客满意，放心食用——2016年加强食品安全工作总结》。

2. 正文

正文一般由开头、主体和结尾三部分组成。

开头也可以叫作导语，主要用来概括总结工作的背景介绍、工作完成的总体情况以及工作的总体评价等。

主体是总结的核心部分，通俗来说就是要讲明“完成了什么”“如何完成的”“完成的结果如何”，可分为回顾过去、分析得失两大块内容。

（1）交代时限内工作的主要内容、具体的方法和步骤，有重点地概括、交代经验体会，具体说明采取了哪些方法和措施。

（2）分析成功措施的经验和失败案例的教训，总结经验与教训才是实事求是的态度，好的总结重点在于能够促进工作方法的改善，以便今后取得更大成绩，所以不仅要写出成绩，更重要的是写明不足。

结尾写明其中的经验教训对今后工作的指导意义，总结的全部意义在于对今后的工作的影响，因为不论成功经验或是失败教训都已经成为过去，在今后的工作中扬长避短，去伪存真，调整努力方向才是总结意义的重中之重。根据现存的问题，有针对性地提出今后工作努力的方向和改进意见，做到有的放矢。

3. 落款

在文章右下角注明完成总结的单位和个人名称，写明总结完成的时间。

五、总结的写作要求

1. 内容和数据要实事求是

文章中出现的所有材料，包括工作开展进度、数据、总结图表都要真实有效，这些数据材料是整篇总结的基础，在此基础上才能提出恳切的建议和有效的改正措施。注意要避免两种倾向：过于浮夸、避重就轻，不谈问题的倾向；过于检讨问题、妄自菲薄，不谈先进经验的倾向。

2. 综合概括、找出规律

不要进行事无巨细的描述，要找出典型事例、典型经验，以点带面地叙述工作进度和完成情况。找出规律性认识，不要一味罗列工作过程。抓住事物的主要矛盾，着力点在于每一项、每一阶段工作的特殊性。

3. 业绩回顾，明确关键性指标

哪些指标完成得好，为什么完成得好？哪些指标完成得不好？失败原因是什么？注意不要把这部分内容写成岗位职责，应该说明最后取得的成绩怎样，不是说明应该在这个目标下完成什么。比如，我物理 95 分，而不是要写成：物理学科很重要，我应该好好学习物理，本学期我学习得很认真。

4. 研究材料，对比分析

这里推荐两种常用的对比方式。

（1）左右对比。在同类工作性质、同类单位中寻找先进典型的、优秀的范例为标尺进行比较，找出差距以及差距产生的原因。这样的对比更容易找出工作和学习中的问题出在哪里，任务的哪个阶段没有完成好。

（2）前后对比。在任务完成的效果上下功夫，以某一个完成比较好的阶段作为标杆，对过去和现在进行比较，来衡量实际工作情况，逐项检查落实情况。哪些任务已经落实了，哪些工作还未落实，又有哪些工作方面被忽视了，逐一比较后得出规律性认识。

例文评析

例文	评析
××职业技术学院 学生思想政治教育工作报告 “厚德强技，履和尚韧”是我院治校办学的重要方针。加强思想政治教育工作，培养德才兼备的人才是我院工作的主旨所在。因此我院学生思想政治教育工作应在实践中探索、在探索中前进、在前进中创新。近年来，我们取得了显著成绩，广大师生思想主流积极健康向上，对中国特色社会主义的理论认同、政治认	1. 标题。使用文章形式的单标题，揭示总结的中心内容。 2. 前言。指出总结工作的背景、经过概况、工作结果等。

同、情感认同显著增强，对全面建设小康社会和推进社会主义现代化前景充满信心，为落实人才培养的根本任务、推动学院改革发展稳定提供了有力的思想保证和良好的舆论氛围。在看到成绩的同时我们也要看到，在深刻变化的世情、国情、党情面前，要解决好我院改革发展过程中不断出现的新情况、新问题、新任务，任重而道远。 **一、我院学生思想政治教育工作的现状** （一）加强辅导员管理，打造一支强有力的大学生思想政治教育工作队伍 1. 建设一支政治强、业务精、纪律严、作风正的辅导员队伍 辅导员队伍是在学生思想政治教育工作第一线的专职队伍，其思想政治素质和业务管理能力直接关系到学生思想政治教育工作的效果和学院稳定的大局。为此，我院出台了《××职业技术学院辅导员队伍建设规定》《学生管理十个一工程》，明确了这支队伍的建设方向和基本要求，学生处在对辅导员进行宏观管理和建设这支队伍过程中，明确要求辅导员要做到政治强、业务精、纪律严、作风正。 学生处组织辅导员开展每月例会、培训学习、撰写思想政治教育工作论文、开办讲座等方式的培训，不断去锻造和提高这支学生管理队伍的思想政治素质和政治敏锐性。 辅导员直接与学生打交道，良好的管理沟通能力对做好大学生思想政治教育工作起着举足轻重的作用。我们坚持对新任辅导员的岗前培训制度，通过培训学习…… 辅导员在工作过程中要一碗水端平，不能厚此薄彼。各种评优、评奖、助学金评比必须做到公平、公正、透明，使学生心悦诚服。在对大学生的管理中既要坚持以学生为中心，更要坚决贯彻“两严方针”，按照校规校纪严格教育，严格管理。对于犯错误的学生绝不姑息护短，特别是涉及系与系之间的学生冲突，更要坚持原则，秉公解决。学生工作中难免发生突发性事件，所以，我们要求辅导员要招之即来，来之能战，手机要保持24小时开机，以便随时应对突发事件的发生。这是作风正的要求。 2. 对辅导员实行奖优罚劣的激励机制，充分调动辅导员工作积极性 在对辅导员管理过程中严格执行《辅导员管理办法》，同时通过每月的辅导员考核，对辅导员在品德修养、工作能力、日常管理和工作成绩四方面进行综合评定，考核结果与辅导员工资挂钩，并实行末位淘汰制度和重大事故追究制度。每学年，我们还进行优秀辅导员和学生工作一、二、三等奖的评选，结果在学	3. 正文。总结工作期间内的工作现状、成功的经验，以及由谁完成的，如何完成的。

院大会上予以公开表彰，使真正优秀的辅导员得到奖励。

2012年7月开展了“送温暖、察生情、解生忧、提素质、促和谐”为主题的“大家访”活动。

（略）

（二）积极开拓创新，探索我院大学生思想政治教育工作新亮点

1. 不断总结我院大学生思想特点，明确辅导员工作的四项基本职能

我院学生的思想问题大致有四类：第一类是属于是非不清楚的思想认识问题；第二类是属于是非清楚，只是行为养成问题；第三类是属于具体实际问题引起的情绪问题；第四类是因为有部分学生入学分数较低，或学习方法不当，不适应大学学习环境而引起的厌学情绪。

（略）

上述四种思想问题的存在与解决，我们得出了我院辅导员工作的四项基本职能是：教育、管理、服务、导学。这也是高职高专院校大学生思想政治教育工作独有的特色。

2. 融大学生思想政治教育于“四化”活动中，培养大学生团队意识、健康心态和进取精神

我院的学生活动常年坚持“四化”，即积极与社会接轨，使学生活动社会化；搭建校园网络平台，使学生活动网络化；发挥学生团体作用，使学生活动社团化；开展各类技能大赛，使学生活动专业化。将大学生思想政治教育真正融入活动中，让学生自我教育、自我管理、自我服务，使学生在活动中长知识、增才干、受教育，培养大学生的团队意识、健康心态和进取精神。为了突出高职的特点，结合专业特色，加强学生学习专业技能的积极性、创造性，自2005年开始，我院开展大学生技能大赛活动，已成功举办了七届。在此期间我院学生参与国家、省级技能大赛，获得国家级奖项、省级奖项的有百余人。

3. 实行家长联系制度，调动学生家庭和社会力量共同做好大学生思想政治教育工作

每年给学生家庭发放优秀学生喜报，将学生取得的好成绩告知家长；心理有问题、考试不及格出现留降级现象、违纪受处分等也及时与学生家长联系。同时我们还请校外法制专家、心理专家及教育学者来我校举办讲座、座谈交流、现场心理咨询等，充分发挥学生家庭和社会力量的作用，共同做好学生的思想政治教育和后进转化工作。

4. 积极开展大学生心理健康教育工作，完善学生思想政治

教育工作的预警和反馈机制

重视大学生心理健康现实，积极开展大学生心理健康及教育工作，建立了党委书记为组长的大学生心理健康教育领导小组和校、系、学生三级心理健康教育工作网。

在学校主教学楼中的醒目位置配置心理健康教育知识展板7块，旨在介绍心理健康教育知识和心理自我调节的常用方法。制作精美心理健康宣传折叠页，在开学之初、“‘5·25’大学生心理健康日”向学生免费发放。开展了“5·25”大学生心理健康周活动，办讲座、绘板报、制作宣传栏等。每年对部分新生进行了团体心理咨询活动。组织了心理健康教育征文比赛，通过让每位学生参加的方式加强了大学生心理健康教育。选配人员参加了心理健康教育培训。

（略）

积极心理品质为当前心理学研究的前沿课题，我院心理咨询室本年度先后完成省、市两项课题。（略）

5. 注重学生干部的培训和选拔工作，努力提高学生干部的思想政治理论素养

注意选拔、优化专职思想政治工作干部。开展对全体学生干部的培训活动，分4期培训人员1200人。以科学发展观为指导，针对学生干部提高工作能力与自身素质培训的同时，充分发挥团队合作精神，为推进学生会干部的组织建设和思想政治建设，推进学院德育工作一体化，树立优良的学风和校风打下了坚实的基础。钓鱼岛事件后我院加强了党员教师与学生的联系，并按上级要求组成了师生互助小组，教师定期与学生进行思想沟通，通过学生干部了解学生思想动向，解决学生思想问题。同时我系还充分发挥学生党员和学生干部的模范带头作用，以点带面保持学生思想工作的稳定性。

6. 树立先进典型，进一步完善学生思想政治教育工作的激励机制

广泛开展向先进典型学习活动，树立可亲、可敬、可信、可学的道德楷模，建立了学生之间比、学、赶、帮、超的宣传教育平台。学院加大了对先进典型的评选、表彰和宣传力度。“五四”青年节，对红旗团总支、十个红旗团支部、十佳团干部、十佳团员、优秀共青团员、“三下乡”先进个人授予荣誉称号；对国家奖学金获得者、省级优秀班集体、优秀学生干部、三好学生也进行了隆重的表彰。2011年度我院校公开、公平、公正透明地评选出了国家奖学金16人、国家励志奖学金356人、国家助学金共2587人、省级优秀毕业生199名、省级先进班集体2个、省级三

好学生17人、省级优秀学生干部5人等。

2012年3月，我院进行了大学生“五个十标兵”的评选活动，通过层层推荐、各系选拔、学校聘请专家评定、入围学生事迹公示等过程，评选出学习雷锋标兵、学习标兵、自强自立标兵、创新创意标兵、遵守纪律标兵共50名。弘扬我院优良作风，展现了我院学生“笃行守信、勤勉善思、学以致用、奋发有为”的精神风貌。

二、我院学生思想政治教育工作存在的问题

我院学生思想政治教育工作中存在的问题，其原因是多方面的，从近些年的工作实践看，主要有以下三方面：

4. 正文。存在的问题、得出的经验教训。

一是当代大学生不主动配合和不愿接受思想政治教育的问题比较突出。信息传递的多样化使学生思想受到社会影响，学生不仅从书本上、课堂上接受思想教育，更多的是从网络上获取各类信息，从而出现对传统思想政治教育产生不听、不信、不服的逆反心理。

二是国家市场经济模式的负面影响引起学生价值观的改变。教育产业化打破了原来学生毕业不愁分配的局面，学生既要读书又要考虑将来毕业的去向和物质利益，思想和心理压力增大。有的学生难以适应这种新的变化，出现思想认识上的模糊、行动上的茫然。高校改革的不断发展，使高校学生的学习方式、活动方式、交往方式、思维方式和价值取向都在发生变化，他们的学习兴趣、生活兴趣更加广泛。同时也对精神文化层次提出了更高的要求，在过度注重个人发展的同时，也表现出了自我意识过剩、道德观念淡薄、缺乏诚信等现象。

三是高等教育正逐步向大众化、市场化、社会化发展。随着我院招生规模的扩大，学生入校起点差距较大，生源质量不整齐；再加上高校后勤社会化改革后，学生分散居住、不同专业、不同年级的学生住在一起，师生间和学生内部出现很多不和谐现象。

三、加强高校学生思想政治教育工作的对策研究

做好新形势下的学生思想政治教育工作，一定要坚持解放思想、实事求是，研究新情况，解决新问题，开创高校思想政治教育工作的新局面。

（一）坚持用科学的理论武装人

加强和改进学生思想政治教育工作，用马列主义、毛泽东思想、邓小平理论和“三个代表”的重要思想教育和武装青年学生。要把理想信念教育作为学生思想政治教育工作的核心内容，坚持从学生实际出发，大力开展爱国教育、集体主义教育、社会主

5. 正文。今后的调整和努力方向。

义教育，引导学生树立正确的世界观、价值观、人生观。大力弘扬中华民族优秀文化传统美德，增强大学生民族自尊心和自豪感。把依法治校与以德治校结合起来，进一步开创我院学生思想政治教育工作的新局面。

（二）学生思想政治工作要锐意进取不断创新

首先要调整教育目标，坚定“创新”的价值取向。培养创新素质是当代教育最重要的目标，是衡量教育成败得失的重要标准。要积极探索新形势下学生思想政治教育工作的特点和规律，增强学生思想政治教育工作的主动性和能动性，本着求真务实的态度，切实了解学生的思想和要求。其次，要改善教育环境，营造“民主”的精神氛围。要重视发挥校园文化的育人功能，开展丰富多彩的科技、文化、艺术、体育等群众性精神文明创建活动，使学生在良好的校园文化氛围中受到潜移默化的影响。要重视学生寝室文化建设，认真研究后勤社会化以后，把思想政治教育工作的阵地建到大学生宿舍，努力把大学生宿舍建成学生自我教育、自我管理、自我服务的场所。第三，抓典型、促带动，将典型问题、典型学生作为工作重点，通过以心理教育感化为主，切实解决学生思想政治工作中存在的现实问题。我院学生“五个十标兵”的评选活动，评出了50名学生代表典型，以榜样的力量引领广大学生，端正学风，建设和谐校园。对待各种问题学生，我院秉承以情感因素为主线的宗旨，从学生的个人问题、家庭问题、就业问题入手，积极投入大量情感因素，做到以情感人、以情动人、以情育人。最终实行“点、线、面”的发展模式，以典型个体带动部分学生，以班风、系风为主线，将思想政治工作影响扩展到校风。

××职业技术学院

2012年12月

落款：标题中出现行文单位的，落款也可以省略。

例文简析：这是一篇工作总结，如今看来仍然很有借鉴价值和指导意义。文章针对性强，在详细介绍经验做法的基础上，指出问题所在并给出合理改进方案，内容集中、细致，叙议得当，观点鲜明。

实训拓展

请你就这段时间学习某课程的情况写一篇总结，符合总结写作要求，格式规范，语言流畅。

【思考与练习】

一、判断

1. 策划书是对未来将要进行的事件或活动进行策划，把策划方案通过文本形式展现

出来。(　　)

2. 策划书是为了有效实现目标而把思维过程和实施过程进行清晰的规划，以此来提高事件、活动等的实施效率，保证实施质量。(　　)

3. 策划中活动的进程安排是整个策划的灵魂和方向。(　　)

4. 倡议书是有针对性的，常常针对一些特定人群发出。(　　)

5. 倡议书不用写落款。(　　)

6. 请柬在称谓下一行需顶格写起。(　　)

7. 请柬主要具有告知作用，所以用语上不一定要讲求礼貌用语。(　　)

8. 简讯短小精悍，时效性强。(　　)

9. 简讯因太过短小，所以不能完整地反映事实，人们无法从简讯中了解事件的真实情况。(　　)

10. 简讯一定是新闻媒体发布的，企业等单位不能写作简讯。(　　)

11. 总结是着眼于未来的，是对实现目标的预定，是对未来工作的预见。(　　)

二、简答题

1. 策划书的特点是什么？
2. 策划书的写作要点有哪些？
3. 倡议书的特点有哪些？
4. 倡议书写作样式包括哪几个方面？
5. 请柬有哪些特点？折叠式请柬由哪两部分组成？
6. 简讯的特点及作用是什么？
7. 什么是计划？制订计划应注意哪些问题？
8. 总结的写作要求有哪些？

第五章　经济文书写作

第一节　调查报告

知识目标

（1）了解调查报告的定义和分类。

（2）明确调查报告的作用和特点。

（3）掌握调查报告的写作方法和要求。

能力目标

（1）能够通过多种方式收集调查资料。

（2）能够结合实际，在调查工作的基础上写出具有指导意义的调查报告。

一、调查报告的定义

调查报告是对某项工作、某个事件、某个问题，经过深入细致的调查后，将调查中收集到的材料加以系统整理，分析研究，以书面形式向组织和领导汇报调查情况的一种文书。它可以在报刊上发表，也可以供组织、领导作为处理问题、制定政策的依据或参考。

二、调查报告的特点

（1）客观真实性。调查报告的写作是以客观事实为依据的，调查的过程以及报告所涉及的内容都必须实事求是。对调查样本的选择兼顾典型性和普遍性的统一，通过典型材料反映普遍特点，有点有面，不能以偏概全。

（2）具体针对性。调查报告一般有比较明确的意向，针对某一具体情况、某一社会问题、某一成功经验等引发的关注，为了进一步把握详情，专门对其进行调查、研究，并向有关部门提供报告。

（3）理论指导性。调查报告是在大量事实基础上进行的研究，运用科学的方法对其进行充分有力的分析归纳，从而得出规律性的认识，并把这些规律性认识提供给读者，成为其处理问题、制定政策的依据或参考。

三、调查报告的种类

1. 社会情况调查报告

社会情况调查报告是针对一些社会情况所写的调查报告。这种调查报告可能是群众或领导较为关心的一些问题，包括新现象、社会风气、百姓意愿、衣食住行等社会生活、发展各方面的情况。通过调查报告系统地反映本地区、本单位的基本情况，方便大众认知或供决策者使用。

2. 典型经验调查报告

典型经验调查报告是通过分析典型事例，总结工作中出现的新经验、好办法，从而指导和推动某方面工作的调查报告。某一地区、某一单位、某一企业在贯彻落实党和国家的各项方针政策过程中，或在日常的思想政治、经济建设、科学教育等方面取得了突出的成绩，为了把他们的具体做法和成功经验反映出来，可以对他们进行专题的调查，然后写出调查报告。

这类报告跟工作通讯中那些以反映工作成绩为主的文体类型有些类似。区别在于调查报告重在调查，特别注重对调查过程和调查所得数据的叙述和列举。

3. 揭露问题调查报告

揭露问题调查报告针对某一方面的问题进行专项调查，澄清事实真相，判明问题的原因和性质，确定造成的危害，并提出解决问题的途径和建议，为问题的最后处理提供依据，也为其他有关方面提供参考和借鉴。它的主要功能是揭露和批判，探究问题产生的原因，分析问题的症结，提供解决问题的思路和方法。

四、调查报告的写作格式

从外部形式上看，调查报告由标题、前言、主体、结尾、落款五个部分组成。

1. 标题

标题要根据调查的目的、内容、范围来拟定，通常有公文式标题和文章式标题两种。

(1) 公文式标题。公文式标题与行政公文标题类似，可以按照“调查对象＋调查课题＋文体名称”的形式拟制标题。如《在校大学生考研情况的调查报告》，其中“在校大学生”是调查对象，“考研情况”是调查课题，“调查报告”是文体名称。标题中还可以加上调查主体，如《××公司关于新产品售后服务满意度调查报告》，这种标题调查对象明确，调查内容具体、简洁明了，但形式不够新颖有趣。

(2) 文章式标题。文章式标题写法灵活多样，可以是单标题，也可以是双标题。单标题可以用问题引发思考，如《我们需要怎样的课堂？》；可以直接叙述事实，如《新时代的医患关系调查》等。双标题由正、副标题组成，其中正标题一般采用常规文章标题写法，副标题则采用公式化写法，由调查对象、调查课题、文体名称组成，如《振兴经济要靠科学技术——××市依靠科技人员发展工业的调查》。

2. 前言

调查报告的前言一般要根据主体部分组织材料的结构顺序来安排，文字上要求简明扼要，语言力求有吸引力和启发性。常用的有以下几种类型：

(1) 提纲挈领式。这种写法要求前言简单介绍调查对象的基本情况，此次调查目的、方法、时间、范围、背景等，使读者一入篇就对全文有一个大致的了解。例如《美好乡村建设调研报告》的开头：

11 月 15～20 日，市财政局副局长带领“美好乡村建设资金整合组”有关人员，对××区、××区和××县进行了调研，以期为制定《××市美好乡村建设专项资金管理办法》和上报省财政厅财政支持美好乡村建设示范点提供参考。调研组现场考察了××区的祁集陈郢村、平圩卢沟村，××县的丁集张巷村、城北芮集社区，听取了县区、乡镇领导和村民代表的意见，就“美好乡村建设”主题进行了交流与讨论，现将调研情况报告如下：

（2）问题切入式。这种写法要求在开头提出问题来，引起读者对调查课题的关注，促使读者思考。这样的开头可以采用提问的方式引出问题，也可以直接将问题摆出来。如《网络文化与青少年调研思考》的前言。

互联网的快速发展对人类生活的各个领域产生越来越重要的影响。在庞大的网民群体中，青少年占了很大的比例，并且还在逐步增多。据调查，目前网民中18～35岁的青年占85.8％，18岁以下的占2.4％。面对不可阻挡的青少年上网热潮，如何对其进行正确引导，已经成为当前学校、教师、家长共同关注的重要问题。

3．主体

主体是调查报告的核心部分。这部分材料丰富、内容复杂，一般包括基本情况、问题分析、对策建议等，在写作中最主要的问题是结构的安排。其主要结构形态有三种：

（1）纵式结构：类似于记叙文的时间顺序写法，以事情发展的过程谋篇布局。事件单一、过程性强的调查报告，可采用这种结构形式。这种写法可以清楚地展示事件的来龙去脉，但要注意典型事例的分析，避免平铺直叙。

（2）横式结构：把调查的材料和形成的观点，按照不同的问题或性质分门别类，从不同的维度分析研究，为主题服务。这种写法层次分明、观点突出，较为常见。

（3）综合结构：纵式结构和横式结构的有机结合，对调查对象本身可用纵式写法，让读者尽快了解其发展过程，对暴露出来的问题或展现出的现象用横式分析比较，说理更加清楚，融合了纵式和横式的优点。

4．结尾

调查报告常在结尾部分重申作者的观点，对主体部分的内容进行进一步概括、升华，可以再次概括全文、明确主旨，也可以提出问题、启发思考，还可以提出展望、发出号召。

5．落款

落款，即署名和日期，它是调查报告不可缺少的一部分。调查者的名称一定要准确，要标注清楚是单位、小组还是个人。落款的位置一般在正文末尾下一行右侧，有时也可放在标题的下面。

五、调查报告的写作要求

1．要深入调查研究

调查研究是写好调查报告的前提。要认真做好调研工作，拟好调查提纲，采用多种调查方法，如开调查会、问卷调查、抽样调查、个别采访、统计调查、查阅资料等，既要重视书面资料，更要重视一手资料，尽可能全面客观地收集资料，获取各种信息。

2．认真整理、选择材料

对收集到材料要系统甄别，“去伪存真、去粗存精、由此及彼、由表及里”进行筛选加工，根据材料的性质或反映的问题合理组织结构，注意数字材料和事实材料的配合使用。

3. 提炼好主题

根据对已有材料的研判分析，以调查材料为基点，提炼调查主题，力求反映和论证当下事实或问题。写作时必须明确目的、突出中心、反映客观规律。

4. 语言准确、简练朴实

调查报告的语言应表述准确、简练朴实，以便读者容易看懂。

例文评析

例文	评析
大学生网络购物调查报告	标题简单明了。
一、调查背景 随着网络经济的高速发展，网络购物大放异彩，在年轻人群体中占有重要的地位。作为年轻的大学生群体，与网络购物无形地联系在一起，网络购物为大学生提供了更加丰富、快捷、新潮的购物方式。而大学生对网络购物的发展起了巨大的推动作用。为此，我们选择了大学生网络购物作为研究对象，以实现对大学生网络购物的一些探索发现，以及了解网络购物在大学生群体中的发展趋势。随着网络购物的快速传播，淘宝、天猫、聚美等各大购物网站频频出现在大学生的业余生活中。作为一种新兴的购物方式，大学生群体对其表示极大的欢迎，该种购物形式的优点和劣势以及今后的发展趋势都非常值得调查和研究。 **二、调查目的** 进行此项调研，目的是想进一步了解网络购物在大学生群体中的普及程度及发展情况，男女生对于网络购物的不同态度，吸引大学生的最重要原因以及大学生消费观的改变。 **三、调查方法** 通过网上问卷、发放纸质问卷以及口头访谈的方式对大学生进行调查、研究。	开篇交代调查背景、目的、方法，让读者一目了然。
四、调查结果 1. 大学生网络购物的特征分析 1）大学生网络购物的性别特征 经过调查，发现进行网络购物的女生略多于男生，女生通过网络进行购物的频繁程度明显高于男生。女生对网购的接受程度和进行网购的时间明显高于男生。 2）大学生网络购物的支付力特征 大学生的基本生活费大都来源于家庭的供给，少部分人通过自己劳动换取生活费。因此，大学生的消费水平也必须与其家庭情况相符合。大家的生活费基本上都集中于1000～1500元之	

<table>
<tr>
<td>
间，过高或过低的人只占较少的一部分。
2. 大学生购物方式不同的原因分析
1）不尝试网络购物的原因
在此次调查中，我们发现有9.4%的人从未进行网购，那么他们不进行网购的原因是什么呢？调查显示，没有尝试网络购物的大学生，其不选择网络购物的原因并不是不会，或是对网络购物了解的比较少，多数原因是对网站的不信任、怕受骗上当、质疑网络的安全性、担心网上付款环节等。而所购物品的质量、信息搜索以及订购等都是在消费进行的时候才能切身体会的。因此，诸多原因的存在让很多人不愿意尝试网络购物。
2）进行网络购物的原因
通过调查，多数有过网络购物经历的人表示，他们选择网络购物的原因主要是其时效性、便利性、价格低以及商品的多样性。大学生选择网络购物多是看中了其便利的特性，网络购物商品选择范围广、更方便、更能够节约成本，同时也可以获得更加丰富的商品信息。
3. 大学生对购物网站的选择
1）渠道选择
调查显示，在选择网购的人群中有95%的人在淘宝进行过网购，48%的人在天猫进行过网购，有少量的人在京东、拼多多、蘑菇街、当当网、美丽说等网站进行过购物。
2）选择原因
网站的选择通常看的是该网站的知名度、信誉、信用等。大学生有着较清晰的品牌意识，对知名度高、信誉好的产品信任度和青睐度比较高。所选择的网站也大多集中在几个比较大型的网站，比如淘宝网、天猫。
4. 大学生网络购物的购买行为特征
1）购买的商品类型或服务类型
从调查结果来看，大学生在网上最常购买的商品和服务包括服装鞋帽、书刊、在线充值、数码音像制品、化妆品、个人护理用品、票务及教育服务等。这些商品和服务体现了大学生在生活、学习和文化娱乐等各个方面的消费。书刊的质量风险不大，运输方便，适合网购。同时，大学生网上购买服装的比例增多，说明大学生对网络的信任度高于普通市民。
2）购买频率和购买金额
通过调查，大学生网络购物的频率多数集中于每个月2～5次，但是也有少数人每个月会有6～10次网络购物，更有甚者每个月进行10次以上的网购行为。而在购买金额方面，普遍集中
</td>
<td>
对购物方式不同的原因分析采用正反两个角度对比说明，更加全面。

针对大学生网络购物的特征、原因、习惯、评价进行了比较全面的调查。
</td>
</tr>
</table>

于200元以上，购买金额与上述所说的大学生主要购买的商品和服务类型相吻合。

3）付款方式

调查结果显示，绝大多数进行网络购物的大学生选择的是支付宝或银行卡支付，少数人选择借贷(蚂蚁花呗)支付。由于电子支付的状况已得到一定的改善，大部分大学生对于网上支付的安全性比较放心。

5. 大学生对于网络购物的评价

1）网上购物的担心因素

通过对商品的质量品质、付款安全性、售后服务、配送的及时性等问题的评价相比较，经常进行网络购物的大学生对于商品质量品质问题的担忧率是最高的，而对于售后服务和配送的及时性问题的担忧率相对比较低。没有网络购物经验的人则对于网络的安全性顾虑得较多。

2）需要改善的方面

调查结果显示，商品的质量品质、售后服务、配送的及时性、安全性等问题多次被谈及，尤其是质量品质与售后服务问题，表现得尤为严重，所购得的商品与自己想象中的差距过大，而售后服务又不能得以保证，这对于大学生而言是比较关注的问题。同时自己在该网站填写的信息泄露问题也是许多大学生所担忧的。

五、大学生网购存在问题的解决对策

综上所述，网购这种购物方式快速发展的同时，也存在着较多的问题。对于网购的诸多问题，我们从管理者和消费者的角度提出了以下几点建议：

1. 加强对网络的管理

针对问题提出了相关对策。

(1) 加强对网络商品的管理。必须加强对网络商品的质量的管理与鉴定，确保商品的真实性。

(2) 加强商家信誉度的管理。大学生在网上购物的过程中可以通过信誉度来确定购买哪个商家的产品。

(3) 加强法律法规的建设。建立和完善网络购物方面的相关法律法规，明确赔偿责任承担主体、合同模式、权利与义务、纠纷处理机制、赔付途径等。

2. 倡导大学生网络理性消费

(1) 选择良好的网站。大学生在网络购物的时候尽量选择一些自己熟知的、信用度较高的网站，尽可能地不要选择新网站。大学生在购物时需查看商家的信用等级、开店的时间长短以及差评情况。

(2) 选择优质的商品。网络中商品的价格很不统一，同一种商品价格有很多种，因此，大学生在网络购物的过程中一定要学会货比三家，寻找质优价廉的商品。

(3) 大学生应加强自身保护意识。网购时一定要学会鉴别商品的真实性和商家的信誉度，多与商家沟通，在充分了解商家和商品的基础上再进行购买。遇到欺诈、损失时，要学会勇敢地拿起法律武器保护自己。

调查人：管理学院统计 3 班

2019 年 7 月

病文评析

下面是关于大学生课外阅读的调查报告，内容上有值得深思的方面，但文中存在一些写法错误，请指出来，并提出修改意见。

病文

大学生课外阅读情况的调查

阳光下、草坪上、教室里、图书馆……到处可以看见书不离手的大学生，他们脸上洋溢着满足又自信的笑容。

"你课外阅读的主要目的是什么？""你最喜欢阅读哪种类型的书籍？""你平时看一本书用多长时间？"……前不久我们对大学生的阅读取向进行了一次访问式调查，目的是了解当代大学生读什么书、读多少书和怎样读书的问题。

通过调查有部分学生的课外阅读主要是为了休闲。他们认为"平时专业课程的阅读量已经很大了，课外阅读当然选择内容较轻松的课外书籍，以缓解读书的压力"。这样的学生大约占 44.9%。还有部分同学的课外阅读是为了拓展知识面。这样的学生所占比例较少，只有 8%。

大学生不青睐具有专业知识的书籍是否合理呢？不少招聘企业都感慨现在的大学生专业能力很薄弱，学以致用的能力较差。在学校期间不注重专业知识的积累和自身专业技能的训练，不阅读、不关注相关专业课外书籍，是造成这种现象的原因之一。

在回答"你最喜欢阅读哪种类型的书籍？"时，大多数学生选择报纸、杂志。报纸、杂志始终占据大学生阅读排行榜的首位。

评析

(1) 缺写交代调查基本情况的导言。本来，这类调查的开头一般要交代调查的目的、时间、地点、对象、范围以及采用的调查方法等。

(2) 主体部分对调查情况的叙述，涉及的调查问题虽多，但提供的调查信息却过于简单，材料不充分。

(3) 分析不够深入，原因和结果之间缺乏必然的联系，或者说所得出的结论缺乏充分的依据。

多数学生选择此类书籍的原因大多是因为“阅读起来方便”和“信息量大，来源广泛，易获得”。调查中发现，学校为学生免费提供的《文汇报》成为阅读人次最多的报刊，《青年报》《环球时报》《参考消息》《电脑报》《读者》也有一定的市场。在阅读内容上，阅读新闻占61%，领先其他三项，阅读“生活信息及收集资料”占24%，阅读“评论文章”占18%，阅读“文学作品”占16%。 目前大学生的阅读结构对大学生的正确世界观、人生观的形成非常不利，急需加以正确引导。	(4) 文章末段提到“大学生的阅读结构……急需加以正确引导”，没有按文种的要求写出相应的建议。而建议是本类文体必不可少的内容。 (5) 文章的语言不够得体。尤其是开头，采用的是散文语言，不符合所写文章的写作要求。 (6) 没有落款。

实训拓展

(1) 根据在校生的学习情况，做一份我校学生专升本状况的调查报告。

(2) 根据在校生的消费情况，做一份我校学生移动支付状况的调查报告。

第二节　意　向　书

知识目标

(1) 了解意向书的定义和种类。

(2) 明确意向书的作用和特点。

(3) 掌握意向书的写作方法和要求。

能力目标

(1) 能够拟定双方满意、符合法律规范的意向书。

(2) 能够通过意向书的指引，达到正式签约的目的。

一、意向书的定义

意向书是国家、单位、企业以及经济实体与个人之间，对某项事务在正式签订条约、达成协议之前，由一方向另一方表明基本态度或提出初步设想的一种具有协商性的应用文书。意向书是双方进行实质性谈判的依据，是签订协议(合同)的前奏。

二、意向书的特点

(1) 协商性。写意向书多用商量的语气，不带任何强制性。有时还用假设、询问的语气。

（2）灵活性。在协商过程中，当事人各方均可按各自的意图和目的不断提出意见，可以提供多种方案，让对方比较选择，在正式签订协议、合同前可随时变更或补充，最终达成协议。最初的意向书和最终的合同可能完全不同，以最终签订的合同为准。

（3）过渡性。意向书具有缓冲和备忘的功能，是协商过程中各方基本观点的记录，一旦签订正式合同，意向书便完成其历史使命。意向书建立在各方合作的诚意之上，一般不具有法律效力。但是，如果意向书已经具备了一份合同的主要条款，如买卖双方约定了买卖价格、买卖标的物、交付时间、交付方式、违约条款等，而且当事人没有明确排除其约束力，且一方已经开始履行了该意向书所载明的部分义务，对方也接受了，此时虽然没有订立合同，通常应认为该意向书具备了法律约束力，也可以视为一份“合同”了。

三、意向书的种类

意向书通常有三种：

（1）单签式：只由出具意向书的一方签署，但文件一式两份，由合作的另一方在副本上签字盖章，交付对方。

（2）联签式：由当事人双方签署的意向书。

（3）换文式：以交换信件的形式表达合作的意向。

四、意向书的写作格式

意向书一般由标题、正文和落款组成。

1. 标题

标题可以有三种写法，一种是文种式标题，只写“意向书”；较常用的一种是“意向项目＋文种”，如《××原料合资生产意向书》；还有一种是“合作方＋意向项目＋文种”，如《××和××关于旅游度假村合作意向书》。

2. 正文

正文包括订立意向书的主体、导语、主体、结尾四部分组成。

（1）订立意向书的主体：主体有几个，各是什么地位都应注明，可用甲方、乙方等表示，名称、地址、联系方式等应写明。这部分也可省略，因为在后面落款处也会显示。

（2）导语（引言）：写明订立意向书的缘由目的、指导思想和政策依据，以及双方当事人在何时、何地由何人就何事进行洽谈，然后用“达成意向如下”或“兹签订如下意向书”引出主体。

（3）主体：意向书的重点部分，分条表述各方达成的具体意向，对实现意愿的条件、形势、可行性的看法以及意向目标和相应措施，进一步商谈的时间、内容、级别、任务等加以说明。如果是单签式，还应征询对方的意见。

（4）结尾：应写明意向书的份数和报送单位。写明“未尽事宜，在签订正式合同或协议书时再予以补充”一语，以便留有余地。

3. 落款

正文右下方写上签署意向书单位全称和代表姓名，并签名、盖章，再在下方写明日期。

五、意向书的写作要求

1. 坚持平等互利的原则

本着诚实互信、平等互利的原则，合作各方平等协商、坦诚相待，既不能迁就对方，也不能把自己的要求无原则地强加给对方。

2. 语言的概括性和严谨性

意向书是合作各方订立协议的前期准备，要思考周密，不要做太多承诺，对于一些关键性的内容不宜过分明确具体，以便下一步订立合同进退自如，取得主动。

例文评析

<table>
<tr><th>例文</th><th>评析</th></tr>
<tr><td>合作投资意向书
甲方：中国××纺织品进口公司
乙方：法国×××服装公司
甲、乙双方本着合作、共赢的愿望，甲方同意与乙方进行制衣合作，经双方真诚协商，就与乙方进行制衣合作一事达成如下意向：</td><td>标题简单，目的明确。
开头写双方单位名称，代表人姓名、身份、洽谈的主要事项。</td></tr>
<tr><td>(1) 乙方要求甲方提供稳定生产的服装工厂。
(2) 甲方同意在××县××乡新建一家服装工厂。
(3) 乙方要求甲方生产真丝面料、不绣花的女装衬衫、男式睡衣、女式睡袍等，年产30万件～50万件。
(4) 乙方希望甲方的产品质量的和生产能力能逐步提高。
(5) 乙方提供价值约500万美元的设备和附属设备。
(6) 乙方提供服装设计原图及施工工艺要求。
(7) 乙方派人来××市××县××乡服装工厂进行技术辅导及质量监督。
(8) 未尽事宜，在签订正式合同时再予以补充。</td><td>主体：写双方的意图达成一致认识的条款。内容多为框架式，但有对主要项目内容的约定。</td></tr>
<tr><td>甲方(盖章)：中国纺织品进口公司
代表人：
日期：

乙方(盖章)：法国×××服装公司
代表人：
日期：</td><td></td></tr>
</table>

病文评析

这是一份企业关于员工培训的意向书，但文中出现了一些写法错误，请找出并加以改正。

病　文

培训意向书

2017 年 7 月 5 日，(甲方)××培训中心负责人张军主任与(乙方)××公司法定代表人马经理经友好协商，拟合作针对乙方员工举办一期高效办公管理短期培训班。初步意向如下：

培训期 3 个月，从 2017 年 9 月 8 到 2017 年 12 月 8 日。培训人员 25 名，乙方选派人员，培训期间应服从甲方教学管理。培训费暂定 2 万元，乙方开班前 10 日支付甲方，延迟一天，违约金 1%。甲方负责提供师资、教材、场地等，培训考核合格后颁发结业证书。

本意向书一式两份。作为备忘录，各执一份备查。

××厂(甲方)　　　　××公司(乙方)

代表：　　　　代表：

日期：　　　　日期：

评　析

这份意向书写得比较简单，有以下几个问题：

(1) 如果开篇写上订立意向书的双方主体名称的话，内容更加明确。

(2) 意向书主体应以条款形式展现，更加清晰醒目。

(3) 语言太过肯定，具体时间和违约金的处理不用太准确，要留有余地。

实训拓展

某高等职业学院食品专业为加强实训基地建设，培养技能型人才，想与某大型食品厂结为紧密合作单位，开展双向交流活动，进行多方面合作。请你以此材料拟定一份双方合作意向书。(有关材料可自行虚拟补充)

第三节　招标书与投标书

知识目标

(1) 了解招标书、投标书的定义和分类。

(2) 明确招标书、投标书的作用和特点。

(3) 掌握招标书、投标书的写作方法和要求。

能力目标

(1) 能够明白招标、投标的流程。

(2) 能够拟定符合招标单位需要的招标书。

(3) 能够针对招标书写出规范且有竞争力的投标书。

一、招标书

1. 定义

招标书是发布招标信息，通过招标的方式来招人承包或承购的告示性文书，也可称标书、招标函、招标公告、招标启事等。标书是招标时采购当事人都要遵守的具有法律效力且可执行的标准文件。它的逻辑性要强，不能前后矛盾，模棱两可；语言力求精练、简短。标书也是投标商投标编制投标书的依据，投标商必须对标书的内容进行实质性的响应，否则被判定为无效标(按废弃标处理)。标书也是评标最重要的依据。标书一般有至少一个正本，两个或多个副本。

2. 种类

按形式分有公开招标和邀请招标，按范围分为国际招标书和国内招标书。国内招标书一般是以中文版本为准。而中国国内的企业进行国际招标，一般是以英文(或当地语言)版本投标。按标的物分为货物、工程、服务招标书。每一种具体工程的标书内容差异非常大。

3. 特点

(1) 针对性。编制人员要严格考察招标单位的需求，针对使用单位状况、项目复杂情况，组织好使用单位进行设计，并由专家编制好标书，做到全面反映使用单位需求，维护单位利益。

(2) 公开性。招标的原则是公开、公平，只有公平、公开才能吸引真正感兴趣、有竞争力的投标厂商参与竞争，通过竞争达到采购目的，才能真正维护使用单位利益、维护国家利益。作为招标机构，审定标书中是否含歧视性条款是其最重要的工作。作为政府招标管理部门，监督部门管理监督招标工作，其中最重要的任务也是审查招标文件中是否存在歧视性条款，这是保证招标是否公开、公平、公正的关键环节。

(3) 规范性。招标文件的编制要遵守法律法规，它是一份具有法律效力的文件，内容应符合国内法律法规、国际惯例、行业规范等。编制人员不仅要具有精湛的专业知识、良好的职业素养，还要有一定的法律法规知识，如合同条款不得和《合同法》相抵触。如有的招标文件中要求必须有本省的某行业领域资格证书，限制外地供应商竞争的规定，就与我国法律相背离。

4. 写作格式

招标书是对招标事项进行的具体性说明，一般包括标题、正文、文尾三部分。

(1) 标题由招标单位名称、招标事由、文种组成，如《××政府办公用品招标书》。

(2) 正文包括开头和主体两部分。开头简要说明招标单位的基本情况、招标项目的目的及依据。主体部分则具体写招标项目的有关内容和要求事项，一般包括以下内容：招标项目的性质、数量、技术规格、技术要求；招标价格的要求及其计算方式；评标的标准及方法；交货、竣工或服务的时间；投标人应当提供的有关资格或资信证明；投标保证金的数额或其他形式的担保；投标文件的编制要求；提供投标文件的方式、地点和截止日期；开标、评标、定标的日程安排；合同格式及主要条款。

(3) 文尾包括署名、日期和印章。

5. 写作要求

投标书的写作要求。投标书是进行招标工作时甲、乙双方都要承认遵守的具有法律效力的文件，对政策法规要准确理解与执行。同时内容和措辞都要求周密严谨，逻辑性强，不能前后矛盾，模棱两可，语言精练简短，重点突出。还要注意语气不卑不亢。

二、投标书

1. 定义

投标书是指投标单位按照招标书的条件和要求，向招标单位提交的报价并填具标单的文书。它要求密封后邮寄或派专人送到招标单位，故又称标函。它是投标单位在充分领会招标文件、进行现场实地考察和调查的基础上所编制的投标文书，是对招标公告提出要求的响应和承诺，并同时提出具体的标价及有关事项来竞争中标。

2. 种类

投标书按范围分为国际投标书和国内投标书；按标的物可分为货物、工程、服务投标书；按格式可分为文字式和表格式投标书。

3. 特点

(1) 针对性。投标书最突出的特点就是针对性，为了达到承包或承购的目的，一定要以招标单位所提出的各项要求为依据，严格按照招标书中的内容条款，有针对性地安排投标内容。

(2) 真实性。投标书要符合法律法规，遵从诚实信用原则，内容必须真实，数据客观准确，资质真实可靠，不能为了中标而弄虚作假夸大自己的实力，否则可能误导招标单位造成废标，严重的还可能违法犯罪。

(3) 竞争性。投标的本质是优胜劣汰，投标人必须充分地展示自己的实力和优势，才能在竞争中脱颖而出。

(4) 保密性。投标书在开标前一定要保密，未密封、未盖印及过期的投标书一律无效。

4. 写作格式

投标书一般包括标题、正文和落款三部分。

1) 标题

标题可以只写文种，即《投标书》；也可以是投标单位＋文种，如《××公司投标书》；还可以是投标项目＋文种，如《建筑工程投标书》。

2) 正文

正文由主送单位、前言、主体构成。

主送单位即招标单位，应顶格写全称。

前言部分简要说明投标方案的依据、目的、指导思想，并表明承办态度，力争获取招标单位的信任和认可。

主体要依照招标书规定的条件和要求，分析投标企业(或个人)的现状，包括企业规模、级别、固定资产、流动资产、经营思想、技术力量、工艺水平、设备状况、服务质量及以往主要成绩等，表明自己的优势，也可诚恳地说明自己的短板，并提出努力改正的方案。要确定招标项目的具体指标，说明投标方式和期限。针对招标要求，提出实现任务的方案、措施或有关意见和建议，表明投标的信心和决心。

3) 落款

落款要写清投标单位的名称、单位地址、电话、传真、邮编、网址、联系人和制作日期，并加盖公章。

5. 写作要求

招投标活动是一种严肃的商业活动，必须要有科学的态度，合法合理，实事求是，不可弄虚作假、随意对待。投标书要语言简洁明确无歧义，语气谦和、论证严密、层次清晰、文字简练、体现出公司的综合实力。提供投标书的份数多少应根据标的物大小、参加评标专家人数而定，以便于评标为原则。

6. 其他投标文件

投标方除了要准备投标书之外，还要准备招标要求所需的相关资质证明或文件。下面是一套投标方准备的全部文件。虽然每个招标单位需求不同，要求各异，但有如下文件可供参考，主要包括封面、目录、投标函、法人授权委托书、技术规格偏离表、实施方案、投标报价表、售后服务承诺书、资质证明材料等九个方面的内容。

(1) 封面。其样例如下：

________________项目投标文件

标书编号：

投标单位：

联系人：

联系电话：

联系地址：

邮箱：

(单位公章)

(2) 目录。目录按标书实际内容填写。

(3) 投标函。其样例如下：

致：

根据贵方____________项目谈判文件，项目编号：____________，正式授权代表下述签字人____________全权代表竞标人____________参加贵方组织的有关采购活动，提交下述文件正本一份，副本四份。

1. 竞标报价表。

2. 售后服务承诺书。

3. 资质证明文件和竞标人须知第12条和第13条要求竞标人提交的全部文件。

4. 竞标人基本情况登记表。

据此函，签字人兹宣布同意如下：

(1) 按投标文件货物需求一览表和投标报价表，投标总报价(大写)________元人民币(￥______)。其中：

A分标报价(大写)________元人民币(￥________)，交货期：________；

B分标报价(大写)________元人民币(￥________)，交货期：________；

C分标报价(大写)________元人民币(￥________),交货期:________;

D分标报价(大写)________元人民币(￥________),交货期:________。

我方同意在竞标人须知规定的开标日期起遵循本竞标文件,并在竞标人须知第14条规定的竞标有效期满之前具有约束力,并有可能中标。

(2) 我方承诺已经具备规定的应当具备的条件:

① 具有独立的承担民事责任的能力;

② 具有良好的商业信誉和健全的财务会计能力;

③ 具有履行合同所必需的设备和专业技术能力;

④ 有依法缴纳税收和社会保障资金的良好记录;

⑤ 参加此项采购活动前三年内,在经营活动中没有重大的违法记录。

(3) 我方根据谈判文件的规定,承担完成合同的责任和义务。

(4) 我方已仔细审核该谈判文件,我方知道必须放弃提出含糊不清或误解问题的权利。

(5) 如果在竞标截止时间后的竞标有效期内撤回竞标或者有其他违约行为,贵方可对我方的竞标保证金不予以退还。

(6) 其中:

① 我方根据竞争性谈判采购文件的规定,承担完成合同的责任和义务。

② 我方已详细审核竞争性谈判采购文件,我方知道必须放弃提出含糊不清或误解问题的权利。

③ 如果在竞标文件有效期内撤回谈判采购或者有其他违约行为,我方的竞标保证金可被贵方全部或部分没收。

④ 同意应贵方要求提供与本谈判采购有关的任何数据或资料。

⑤ 我方完全理解贵方不一定要接受最低报价的竞标人为中标供应商的行为。

⑥ 若贵方需要,我方愿意提供我方作出的一切承诺的证明材料。

(7) 我方将严格遵守《中华人民共和国政府采购法》第七十七条规定,供应商有下列情形之一的,处以采购金额5‰以上,10‰以下的罚款,列入不良行为记录名单,在一至三年内禁止参加政府采购活动,有违法所得的,并处没收违法所得,情节严重的,由工商行政管理机关吊销营业执照;构成犯罪的,追究刑事责任:

① 提供虚假材料谋取中标、成交的;

② 采取不正当手段诋毁、排挤其他供应商的;

③ 与采购人、其他供应商或者采购代理机构恶意串通的;

④ 向采购人、采购代理机构行贿或者提供其他不正当利益的;

⑤ 拒绝有关部门监督检查或提供虚假情况的。

与本谈判采购有关的正式通信地址为:

地址:

邮政编码:

电话、电报、传真或电传:

法定代表人或委托代理人签名:

投标人(公章):

日期:

（4）法人授权委托书。其样例如下：

法人授权委托书

兹授权 ×××× 同志为我方参加×××××××招标（招标编号：　）的竞标代理人，其代理权限为：全权代理。

代理期限从　　年　月　日至　年　月　日止。

委托单位：＿＿＿＿＿＿（章）　　法定代表人：＿＿＿＿＿＿（章）

签发日期：　年　月　日

附：1. 代理人姓名：＿＿＿＿　性别：＿＿＿＿　年龄：＿＿＿＿

身份证号码：＿＿＿＿＿＿

工作单位：＿＿＿＿＿＿　　职务：＿＿＿＿

2. 委托人企业法人营业执照号码：＿＿＿＿＿＿

经济性质：＿＿＿＿＿＿

注册资金：＿＿＿＿＿＿

经营方式：＿＿＿＿＿＿

经营范围：＿＿＿＿＿＿

地址：＿＿＿＿＿＿

说明：

（1）法人授权委托书所签发的代理期限必须涵盖代理人所有签字的有效时间。

（2）委托书内容填写要明确，文字要工整清楚，涂改无效。

（3）委托书不得转借、转让，不得买卖。

（4）代理人根据授权范围，以委托单位的名义签订合同，并将此委托书提交给对方作为合同附件。

（5）技术规格偏离表。其样例如下：

序号	项目名称	数量	竞标要求	竞标规格	偏离说明

（6）实施方案。实施方案按投标方实际内容填写。

（7）投标报价表。其样例如下：

序号	品种名称	投标价格	数量	金额
1				
2				
3				
4				
合计：				

(8) 售后服务承诺书。售后服务承诺书按投标方实际内容填写。

(9) 资质证明材料。资质证明材料主要包括：

① 营业执照(复印件)；

② 法定代表人授权书；

③ 投标方情况表、主要生产设备和技术人员情况说明；

④ 产品鉴定证书(复印件)；

⑤ 投标产品获国优、部优等荣誉证书(复印件)；

⑥ 经会计事务所验证的近年年度报表；

⑦ 2 年内产品成功案例清单(附合同复印件)。

资质证书原件清单

序 号	名 称	发证部门
1	营业执照	
2	企业资信等级	
3	ISO9001 质量体系认证	
4	省(市)级及以上单位检测报告	
5	国家级名牌产品或著名商标	
6		
7		
8		
9		

合计份数：

递交单位：

填单人：

例文评析

例文	评析
中国××工程第×建设有限公司 __________项目________采购招标书 招标编号：WZ××-2019-001-FCK 编　　制：　　　　　（签字） 审　　核：　　　　　（签字） 2019年　月　日	这是中国某建设公司为某项目编制的招标文件。这页是文件的封面。

一、投标邀请函 尊敬的女士/先生： 1. 中国××工程第×建设有限公司邀请贵公司就　　　　项目本招标文件所描述的××××××××进行密封投标。 2. 请在收到招标文件之日确认收讫和投标意向，并同时将填写好的收讫通知书签字盖章传真至下述指定地点和联系人。 3. 截标时间：2019 年　月　日北京时间下午 4. 投标标书必须在截标时间前密封递交到下述指定地点和联系人。 5. 有关招标文件的清单请传真至： 中国××工程第×建设有限公司××××××项目部 联系人： 电　话：　　　　　　　　传　真： E-mail： 6. 开标时间：2019 年　月　日上午 8：00 整 地　点：×××××××××××××××× 中国××工程第×建设有限公司 ××××××项目部 2019 年　月　日	第一部分，招标邀请，就招标项目做具体而详细的解释，内容必须全面。
二、投标内容与要求 1. 招标情况简介 1.1　概况：中国××工程第×建设有限公司×××××××××项目因工程需要，欲购置××××××××××××一批。 1.2　质量技术要求：所投产品及所用原材料必须为国家法定的质检机构认证的合格产品。符合国家相关标准及本工程设计的要求。 1.3　订货数量及交货时间：详见“附件 4 招标物资报价清单”。 1.4　交货地点及收货人：××××××××××××××××××交货。 联系人：　　　　　　联系电话：	第二部分，投标内容与要求，就招标需求、投标书要求、投标资格等方面做了具体要求，解释清楚。
1.5　付款条件：合同签订后收到预付款收据后支付合同总金额的 10%～30%为预付款；所有货物全部到××××××××××××××仓库，经买方与业主、监理现场验收合格后，收到卖方提供的[增值税/普通发票]专用发票、收款收据和相关质量证明文件后支付合同总额的 45%～65%；安装完毕且待业主、监理验收合格后再支付合同总额的 20%；余合同总金额的 5%为质量保证金，质保期到期后，卖方的产品无质量问题释放质保金。	投标资格材料的准备关系到投标的基本条件是否具备。

2. 投标商投标文件的编制要求 2.1　构成投标标书的文件。 投标商编制的投标标书必须单独密封包装，其内容应包括下列各项： 2.1.1　技术标书(按照附件5“设计院提供的产品采购说明书”的要求编制)。 2.1.2　投标单位简介、资质资料，包括但不限于经营产品介绍、资源组织供货能力、业绩、质量保证售后服务、营业执照、税务登记、组织机构代码、质量管理体系证书、企业信用等级证书等资质证明文件。 2.1.3　无价商务标书，应包括： a. 标书收讫通知书；(附件1) b. 法定代表人资格证书；(附件2) c. 法人代表授权委托书(如签署人不是法人代表)；(附件3) 如果投标商对招标文件商务条款有异议，投标商应填写商务偏离商务澄清文件，予以说明。若投标商未递交该文件，则在评标时将被视为无偏离。 2.1.4　价格标书，即招标物资报价清单(附件4)。 2.1.5　投标承诺书(附件5)。 2.2　投标有效期：截标之日起××个日历日。 2.3　投标标书的份数及签署。 2.3.1　投标标书一份正本五份副本。技术标书、无价商务标书、价格标书必须分别单独密封。 2.3.2　投标文件应打印，所有投标文件由法人代表或法人授权代表签字并加盖骑缝章。 3. 无效的投标 3.1　投标文件未密封。 3.2　投标文件未按规定加盖本单位印章。 4. 授予合同 4.1　买方在授标时变更数量的权利。在授予合同时，买方有权增加或减少供货清单中列明的货物和服务，单价或其他条件和条款不变。 4.2　中标通知书。 4.2.1　除非应买方的要求并征得投标商的同意将有效期延长，买方将在投标文件有效期期满前书面通知中标商其投标已被接受。 4.2.2　中标通知书将构成合同的一部分。	

4.3　合同的签署。

4.3.1　买方在通知投标商中标后，将把招标文件中规定的合同格式和条款补充有关数据后发送给中标商，其中包括双方的所有协议。

4.3.2　中标商须在收到合同文本之日起2日内签署合同。

5. 说明

5.1　投标文件不退还，请投标方自留底稿；如需退还，请在投标文件中注明。

5.2　投标方为投标所发生的一切费用均由投标方承担，包括投标书的编制、送标书等费用。

例文　　　　评析

附件1　收讫通知书 D

尊敬的女士/先生：

本附件为招标文件收讫通知书。请贵方一收到就在下面指明贵方报价或不报价的意向并用传真返回给中国××工程第×建设有限公司××××项目部。

致礼！

中国××工程第×建设有限公司××××××项目部

TO：中国××工程第×建设有限公司××××××项目部

电话：　　　　　　　　传真：

收件人：　　　　　　　日期：2019年　月　日

主题：(投标邀请函)编号：WZXX-2018-001-FCK

截止投标日期：2019年　月　日下午17：00

先生/女士：

谨此告知业已收到上面所提的招标文件。

(　　　) 我们将在截标日期前报价。

(　　　) 我方不报价，招标文件退回。

姓名 & 职务：

公司名称：

例文　　评析

附件 2　法定代表人身份证明书

单位名称：

企业类型：

地　　址：

营业期限：

姓名：　　　　性别：　　　　年龄：　　　　职务：

身份证号码： 系　　　　的法定代表人。 特此证明。 法人代表单位全称(公章)： 法定代表人(签字或盖章)： 日　　　期：	

例文	评析
附件 3　法定代表人授权委托书 本授权委托书声明：我　　　(姓名)系　　　　　(投标人名称)的法定代表人，现授权委托我公司的　　　(被授权人姓名)代表本公司参加贵公司的编号为：WZXX－2019－001－FCCX 招标的投标活动。被授权人在参加投标活动、合同谈判过程中所签署的一切文件(包括订单)和处理与之有关的一切事物，我均予以承认。 被授权人：　　　　　　　性　别： 年　龄：　　　　　　　　职　务： 单　　位： 被授权人身份证号码：	授权书是决定竞标人是否有代表企业竞标的权利证明。

被授权人无转委权。特此委托。

投标单位：(盖章)　　　　　法定代表人：(签字及盖章)

法定代表人授权代表：　　　　　(签字)日期：

例文　　　　评析

附件 4　招标物资报价单(略)

附件 5　投标承诺书

1. 我方同意并响应招标文件中的所有规定，同意接受贵公司在施工过程中对物资范围进行界定的指令及委托。

2. 我方保证物资质量达到国家有关验收规范优良以上标准。否则，贵公司可按违约给予经济处罚，此处罚并不代替整改，直至达到优良标准。

3. 我方保证按合同工期完成交货任务，若有延期须经过贵公司书面确认，否则按每延期一天罚款一万元。

4. 我方保证自行完成本合同标的物的生产，保证不将标的物生产转包或以其他形式委托第三方生产，否则，贵公司可解除合同并按违约给予经济处罚。

5. 其他条款：

投标单位：

法定代表人：

盖章：

日期：

病文评析

下面是一份某建筑工程公司所提交的工程施工投标书，但投标书中有几处严重错漏，请根据投标书的制作及写作要求，查找其关键性的错误。

病文	评析
投标函 致：广州市×××× 1. 我公司已收到贵方的项目编号为招标2018—003的××××卫生保洁项目的招标文件，并已详细审核了全部招标文件及有关附件。 2. 遵照《中华人民共和国政府采购法》《广东省实施〈中华人民共和国政府采购法〉办法》等有关规定，经考察现场和研究上述招标文件的投标须知、需求书及其他有关文件后，我方承诺：愿以经济标中的投标报价并按上述合同条款、标准提供保洁服务。 3. 我方同意所递交的投标文件在投标须知规定的投标有效期内有效，在此期间我方的投标有可能中标，我方将受此约束。 4. 如果我方中标，我方保证按招标文件中的规定提供服务，质量标准达到招标文件中的要求。 5. 除非另外达成协议并生效，贵方的中标通知书和本投标文件将成为约束双方的合同文件的组成部分。 6. 如果我方中标，我方将实行主管负责制，并按投标文件配备保洁服务人员。 法定代表人： 投标人企业公章：	这份投标书内容写得过于简单，主要有如下问题： （1）没有注明制作日期。 （2）第4款和第6款语义重复。 （3）没有表明附件内容及副本数量。

实训拓展

1. 为了让全校师生有一个更加满意的就餐体验，某校准备对食堂升级改造，请以此拟定一份食堂装修招标书。（条件自拟）

2. 针对上一题，制作一份承包食堂改造的投标书。

知识链接

招投标流程

招标投标是在市场经济条件下进行工程建设、货物买卖、财产出租、中介服务等经济活动的一种竞争形式和交易方式，是引入竞争机制订立合同（契约）的一种法律形式。它是指招标人对工程建设、货物买卖、劳务承担等交易业务，事先公布选择采购的条件和要求，招引他人承接，若干或众多投标人作出愿意参加业务承接竞争的意思表示，招标人按照规定的程序和办法择优选定中标人的活动。

招标书、投标书是在招标和投标这种商品交易行为中使用的标准文书。招标和投标是一种商品交易行为，是交易过程的两个方面，整个交易流程可分为六个阶段：招标、投标、开标、评标、定标及订立合同等。

(1) 招标人（即业主）办理项目审批或备案手续（如需要）。项目审批或备案后，招标人开标项目实施。

(2) 招标工作启动。招标人可以委托招标代理机构进行招标，也可以自行招标（但备案程序较为烦琐），多数为招标代理机构（即招标公司）承担招标工作。

(3) 招标公司协助招标人进行招标策划，即确定招标进度计划、采购时间、采购技术要求、主要合同条款、投标人资格、采购质量要求，等等。

(4) 招标公司在招标人配合下，根据招标策划编制招标文件（包括上述策划内容和招标公告）。

(5) 招标人确认后，招标公司发出招标公告（公开招标）或投标邀请（邀请招标）。投标人看到公告或收到邀请后前往招标公司购买招标文件。此环节可以增加资格预审，即招标公告中增加对投标人的资格要求，投标人事先递交资格文件，满足资格条件后，招标公司才将招标文件发售给该投标人。此时的招标公告实际为招标资格预审公告，代替了招标公告的作用。

(6) 获得招标文件后，投标人应研究招标文件和准备投标文件。其间，如有相关问题可与招标公司进行招标文件澄清，必要时招标公司将组织招标项目答疑会。并根据答疑会澄清内容，对全部投标人发布补充文件，作为招标文件的必要组成和补充。

(7) 招标公司在开标前组建评标委员会，评标委员会负责评标。评委会组成和评标须符合《评标委员会和评标方法暂行规定》。

(8) 招标公司组织招标人、投标人在招标文件规定的时间进行开标。开标包括：招标公司委派的主持人宣布开标纪律→确认和宣读投标情况→宣布招标方有关人员情况→检查投标文件密封情况→唱标（对投标函或投标一览表中的投标人名称、价格、交货期、投标保证金等内容唱标）→完成开标记录并各方签字→开标结束。

(9) 评委会审查投标文件进行初步评审、详细评审和澄清（如有必要），确定中标候选人。

(10) 招标公司根据评委会意见出具评标报告，招标人根据评标报告在中标候选人之间确定最终中标人。

(11) 招标公司根据评标报告发出中标、落标通知书。

(12) 中标人根据中标通知书，在规定时间内与招标人签订合同。

第四节　合　　同

知识目标

(1) 了解合同的定义和分类，重点学习财产合同的相关内容。

（2）明确合同的作用和特点。

（3）掌握合同的写作方法和要求。

能力目标

（1）能够简单地审查合同，发现明显不当或不合法之处。

（2）能够遵循合法合理的原则，拟定互利共赢合同。

一、合同的定义

《中华人民共和国合同法》规定：合同是平等主体的自然人、法人、其他组织之间设立、变更、终止民事权利义务关系的协议。婚姻、收养、监护等有关身份关系的协议，适用其他法律的规定。

通过定义我们可以看出，合同不仅可以调整两个主体之间的财产关系，也可以调整身份关系，但鉴于使用频率和篇幅所限，我们本节重点讨论有关财产的合同。

实践中，合同可能以不同的名称出现，如合同、合同书、协议、协议书、备忘录等。

二、合同的种类

（1）从学理上分，合同有广义、狭义之分。

广义合同指所有法律部门中确定权利、义务关系的协议。如民法上的民事合同、行政法上的行政合同、劳动法上的劳动合同、国际法上的国际合同等。

狭义合同指一切民事合同，包括财产合同和身份合同。本书合同的学习范围仅限财产合同。

（2）从形式上来说，合同又分为书面、口头和其他形式的合同。

最常用的是书面合同。书面形式是指合同书、信件和数据电文（包括电报、电传、传真、电子数据交换和电子邮件）等可以有形地表现所载内容的形式。

（3）从内容上分，合同大致分15种。常用的合同大概有以下种类：买卖合同，供用电、水、气、热力合同，赠与合同，借款合同，租赁合同，融资租赁合同，承揽合同，建设工程合同，运输合同，技术合同，保管合同，仓储合同，委托合同，行纪合同，居间合同。

三、合同的特点

（1）合法性。订立合同的主体必须是具有履行法律能力的自然人或法人，合同的内容必须符合国家法律、法规和政策的规定，合同的订立程序必须遵守国家法律、法规、政策等的相关程序要求。

（2）平等性。合同的当事人是平等的民事主体，其法律地位是平等的，同时，双方在订立合同时，应该采取自愿协商的方式来达成，不允许欺诈或胁迫。有失公平、乘人之危订立的合同，有可能无效或被撤销。

（3）约束性。合同一经成立，对各方都有法定效力，各方必须履行，不能擅自变更或终止。如果哪一方违反了合同，就要承担由此引起的法律后果。

四、合同的写作格式

合同可以是条款式，也可以是表格式，一般由标题、订立合同主体、正文和结尾四部分构成。

1. 标题

第一行居中写上标题，××合同。最好要写明合同的性质，使人快速明白合同订立的目的。如“借款合同”“建筑、安装合同”“租赁合同”等。标题没有明确写明性质的合同不影响其法律效力。

2. 订立合同主体

合同中应写明订立合同双方的姓名和住所，如果是单位应写明单位名称、地址及法定代表人姓名。为了行文方便，规定某方为“甲方”，另一方为“乙方”。如有第三方，可简称为“丙方”。在合同中不能使用“我方”“你方”“他方” 这样的简称。

3. 正文

这是合同的最主要部分，它用条款或者表格写出双方的合同内容，是双方平等协商后一致达成的意思表示，主要包括合同的标的、数量、质量、价款或者报酬、履行期限、地点和方式违约责任、解决争议的方法等。

4. 结尾

结尾一般要写明本合同一式几份，合同的保管方。注明合同的附件、合同的有效期限。最后是订立合同的所有当事人签名、盖章，填写上签订日期。如有工商行政管理部门或双方主管部门作监订的，也应签署单位名称、代表人姓名等。

五、合同的写作要求

1. 合法有效

合同从主体到内容和形式，必须符合国家法律、法规、现行政策的规定；必须符合国家计划的要求；必须符合签订合同的法定程序；必须符合平等互利、协商一致、等价有偿的基本原则(赠与合同除外)。

2. 条款完备

合同必须具备明确、具体、完整的条款，必须明确规定违约责任。这是履行合同和解决合同纠纷的依据。

3. 文字精确

合同在文字表述方面，必须做到文字简练、标点正确、字迹清楚、语言准确，不可含混不清、模棱两可，不可一语双关，产生笔误不得擅自涂改。

例文评析

例文	评析
房屋租赁合同	标题简单明了。
本合同双方当事人： 出租方(以下简称甲方)：________ 身份证：________ 联系电话：________	当事人身份清楚。

承租方(以下简称乙方)：____________ 身份证：____________ 联系电话：____________ 根据《中华人民共和国合同法》《中华人民共和国城市房地产管理法》及其他有关法律、法规规定，在平等、自愿、协商一致的基础上，甲、乙双方就下列房屋的租赁达成如下协议：	
第一条　房屋基本情况 甲方房屋(以下简称该房屋)坐落于________；位于第____层，共________〔套〕〔间〕，房屋结构为________，建筑面积________平方米(其中实际建筑面积________平方米，公共部位与公用房屋分摊建筑面积________(平方米)；该房屋的土地使用权以〔出让〕〔划拨〕方式取得；该房屋平面图见本合同附件一，该房屋附着设施见附件二；〔房屋所有权证号、土地使用权证号〕〔房地产权证号〕为：________。	合同标的(房屋)准确描述。
第二条　房屋用途 该房屋用途为____________。 除双方另有约定外，乙方不得任意改变房屋用途。	
第三条　租赁期限 租赁期限自____年____月____日至____年____月____日止。	条款严谨完备。
第四条　租金 该房屋租金为(人民币)____万____千____百____拾____元整。 租赁期间，如遇到市场变化，双方可另行协商调整租金标准；除此之外，出租方不得以任何理由任意调整租金。 **第五条　付款方式** 乙方应于本合同生效之日向甲方支付定金(人民币)____万____千____百____拾____元整。租金按〔月〕〔季〕〔年〕结算，由乙方于每〔月〕〔季〕〔年〕的第____个月的____日交付给甲方。 **第六条　交付房屋期限** 甲方于本合同生效之日起____日内，将该房屋交付给乙方。 **第七条　甲方对产权的承诺** 甲方保证出租的该房屋没有产权纠纷；除补充协议另有约定外，有关按揭、抵押债务、税项及租金等，甲方均在出租该房屋前办妥。出租后如有上述未清事项，由甲方承担全部责任，由此给乙方造成经济损失的，由甲方负责赔偿。 **第八条　维修养护责任** 租赁期间，甲方对房屋及其附着设施每隔____〔月〕〔年〕检	

查、修缮一次，乙方应予积极协助，不得阻挠施工。

正常的房屋大修理费用由甲方承担；日常的房屋维修由____方承担。

因乙方管理使用不善造成房屋及其相连设备的损失和维修费用，由乙方承担责任并赔偿损失。

租赁期间，防火安全、门前三包、综合治理及安全、保卫等工作，乙方应执行当地有关部门规定并承担全部责任和服从甲方监督检查。

第九条　关于装修和改变房屋结构的约定

乙方不得随意损坏房屋设施，如需改变房屋的内部结构和装修或设置对房屋结构影响的设备，需先征得甲方书面同意，投资由乙方自理。退租时，除另有约定外，甲方有权要求乙方按原状恢复或向甲方交纳恢复工程所需费用。

第十条　关于房屋租赁期间的有关费用

在房屋租赁期间，以下费用由乙方支付，并由乙方承担延期付款的违约责任：

1. 水、电费；
2. 煤气费；
3. 电话费；
4. 物业管理费；
5. ________________；
6. ________________。

在租赁期，如果发生政府有关部门征收本合同未列出项目但与使用该房屋有关的费用，均由乙方支付。

第十一条　租赁期满

租赁期满后，本合同即终止，届时乙方须将房屋退还甲方。如乙方要求继续租赁，则须提前____个月书面向甲方提出，甲方在合同期满前____个月内向乙方正式书面答复，如同意继续租赁，则续签租赁合同。

第十二条　因乙方责任终止合同的约定

乙方有下列情形之一的，甲方可终止合同并收回房屋，造成甲方损失，由乙方负责赔偿：

1. 擅自将承租的房屋转租的；
2. 擅自将承租的房屋转让、转借他人或擅自调换使用的；
3. 擅自拆改承租房屋结构或改变承租房屋用途的；
4. 拖欠租金累计达____个月；
5. 利用承租房屋进行违法活动的；
6. 故意损坏承租房屋的；

7. ________________________。

第十三条　提前终止合同

租赁期间，任何一方提出终止合同，需提前____个月书面通知对方，经双方协商后签订终止合同书，在终止合同书签订前，本合同仍有效。

如因国家建设、不可抗力因素或出现本合同第十条规定的情形，甲方必须终止合同时，一般应提前____个月书面通知乙方。乙方的经济损失甲方不予补偿。

第十四条　登记备案的约定

自本合同生效之日起____日内，甲、乙双方持本合同及有关证明文件向____申请登记备案。

第十五条　违约责任

租赁期间双方必须信守合同，任何一方违反本合同的规定，按年度须向对方交纳年度租金的____%作为违约金。乙方逾期未交付租金的，每逾期一日，甲方有权按月租金的____%向乙方加收滞纳金。

违约责任必须明确。

第十六条　不可抗力

因不可抗力原因导致该房屋毁损和造成损失的，双方互不承担责任。

第十七条　其他

本合同未尽事宜，由甲、乙双方另行议定，并签订补充协议。补充协议与本合同不一致的，以补充协议为准。

第十八条　合同效力

本合同之附件均为本合同不可分割之一部分。本合同及其附件内空格部分填写的文字与印刷文字具有同等效力。

本合同及其附件和补充协议中未规定的事项，均遵照中华人民共和国有关法律、法规执行。

第十九条　争议的解决

本合同在履行中发生争议，由甲、乙双方协商解决。协商不成时，甲、乙双方同意提交中国国际经济贸易仲裁委员会深圳分会仲裁，仲裁裁决是终局的，对双方均有约束力。

第二十条　合同份数

本合同连同附件共____页，一式____份，甲、乙双方各执一份，均具有同等效力。

这是一份非常规范的房屋租赁合同。

甲方(签章)：__________　　　　乙方(签章)：__________

授权代表(签字)：________　　授权代表(签字)：________ ______年______月______日　　______年______月______日	

病文评析

毕业后，同学们都要离开母校，开始新的工作和生活。买卖活动是经济生活中最基础、最重要、最典型的交易方式，和我们的生活密切相关。下面是一份商品买卖合同模板，请仔细查看、审核，找寻其中不足或错误之处。

商品买卖合同

卖方(供货方)：　　广州××有限责任公司

买方(购货方)：　　天津××集团

根据《中华人民共和国合同法》及其他相关法律的规定，买、卖双方经友好平等协商，就买方向卖方购买商品，自愿订立本合同，以资双方共同遵照执行。

一、商品名称、规格、价格、数量、合同总额：(略)。

产品名称	规格	单价	数量	金额(元)
合计：				

二、质量保证：卖方应保证提供的产品符合国家安全标准和国家卫生检疫标准，以及双方约定的质量标准。若因产品质量造成安全事故的，由卖方承担一切责任，同时买方有权要求卖方赔偿因此造成的一切损失。

三、交货地点：卖方包装好货品后，由卖方负责运输，买方派专人负责验货。

四、付款方式：合同总金额为人民币：94 万元整。

买方自签订合同后 5 天内将货款的 20% 作为订金付至卖方指定账户，卖方根据买方的订单分批交付商品给买方，买方在验货合格并提货后，3 个工作日内将货款余额划入卖方提供的账户。

账户信息如下：(略)

开户行：

户　名：

账　号：

五、违约责任

(1) 卖方逾期交货的相关产品，卖方每迟交商品一天按商品总值100%交付罚款予买方。

(2) 如卖方提供的产品质量不符合国家法律要求的，买方有权解除合同并要求卖方承担由此给买方造成的全部损失。

六、因本合同引起的或与本合同有关的任何争议，双方应本着诚意友好协商解决，协商不成，任何一方均可向买方或卖方所在地有管辖权的人民法院提起诉讼。

七、本合同经双方签字盖章后生效。

八、合同正本一式两份，双方各执一份。

卖方：　　　　　　　　　　　　买方：

日期：　　　　　　　　　　　　日期：

【病文提示】

这份合同写得不太规范，主要有如下问题：

(1) 货款金额没有大写；

(2) 约定违约金过高，有失公平；

(3) 起诉法院既约买方地又约卖方地，等于没有约定；

(4) 双方除了单位名称及代表人外，其余信息不全，交易风险太大。

实训拓展

突如其来的新冠病毒疫情，使我们的学习、生活受到很大影响。为了满足开学后的防控需要，现学校准备从某公司采购一批疫情防控物资，请你根据所学合同的写法和病文分析，拟写一份买卖合同。

【思考与练习】

一、判断

1. 调查报告要求对调查对象进行翔实的调查，不对调查结果进行分析和研究。(　　)

2. 意向书一般情况下不具有法律效力。(　　)

3. 招标书的根本目的是引入竞争机制，降低投资成本。(　　)

4. 写作投标书时，能否中标的关键是价格的高低。(　　)

5. 合同一旦签订，双方必须遵守，任何人和机关不得撤销或更改。(　　)

二、多项选择题

1. 调查报告的种类有(　　)。

A. 社会情况调查报告　　B. 典型经验调查报告

C. 揭露问题调查报告　　D. 综合调查报告

2. 意向书的特点是(　　)。

A. 协商性　　B. 灵活性　　C. 确定性　　D. 过渡性

3. 投标书的主体由(　　)组成。

A. 主体　　B. 结尾　　C. 主送单位　　D. 前言

4. 合同的写作要求(　　)。

A. 一式两份　　B. 条款完备　　C. 文字精确　　D. 合法有效

三、简答题

1. 什么是调查报告?它的特点是什么?

2. 写意向书时要注意什么?

3. 请比较招标书和投标书的特点有何不同。

4. 简述合同的写法。

第六章　公文写作

第一节　公文概述

知识目标

(1) 掌握公文的概念、特点、分类。

(2) 弄清公文的行文关系。

能力目标

掌握公文的行文规则、结构及格式。

一、公文写作的定义

公文是公务文书的简称，指法定机关与组织在处理公务、办理事务时所使用的具有法定效力和规范体式的文书。

二、公文写作的特点

1. 公文具有法定的作者

公文由法定作者制发。具体而言是指党政机关、社会团体、企事业单位等依法成立并能以自己名义行使职权并承担义务的所有组织及其法定代表人。

2. 公文具有法定的效力

公文具有代行法定职权的功能。公文一旦制发对受文机关在法定的时间和空间内具有强制作用，受文机关必须执行。

3. 公文效用具有时限性

公文解决的是当前实际工作生活中亟待解决的事务或问题。一般来说，公文往往是在特定的时间来处理特定的问题，需要尽快地传递相关信息，若不能及时发文便会因信息失效失去其实用价值。所以公文的撰写者和执行者一定要有强烈的时效观念，要快写、快发、快处理，以提高办事效率。

4. 公文的格式具有规范性

2012 年 6 月 29 日国家质量监督检验检疫总局、国家标准化管理委员会制发的《党政机关公文格式》国家标准是党政机关公文规范化的重要依据。书中对公文的纸张、排版和印制装订、公文各要素的编排都有明确规定。各级党政机关制发公文都要依照执行，其他机关和单位的公文可以参照执行。这些规范是在长期实践中形成的，可以有力地维护公文的严肃性、政策性、权威性和时效性。公文作者在制发公文时不能任意改变它的格式。

5. 公文的制发具有程序性

公文从准备撰写到制作发文都有严格的程序。2012 年中共中央办公厅、国务院办公厅印发的《党政机关公文处理工作条例》(以下简称《条例》)对公文的制发、处理作出了最新规定。党政机关公文处理必须严格遵守《条例》的规定。这有利于维护公文的权威性、严肃性，充分发挥公文特有的执行效用。按《条例》要求，公文在制发程序上要履行法定的审批手续。一般性公文，由规定的机关负责人对要发出的公文做全面审核后再签发；联合制发的公文，由联合制发机关或单位负责人审核全部稿件后会签；法定性公文提交正式会议通过后，再由领导人签署发布，否则不能生效。

公文的发文、收文、归档具有严格的程序。具体而言，发文的程序包括拟稿、审核、签收、复核、缮印、用印、登记、分发等；收文的程序包括签收、登记、审核、拟办、批办、承办、催办、注办等程序；归档的程序主要包括清点案卷数量是否和案卷目录一致，检查案卷质量是否符合要求，抽查卷内文件是否短缺，文书部门与档案室完成交接并在归档案卷目录上签字，归档人员收取回执一份。需要注意的是，两个以上机关联合办理的公文，原件由主办机关归档，相关机关保存复印件。机关负责人兼任其他机关职务的，在履行所兼职务过程中形成的公文，由其兼职机关归档。

三、公文的种类

公文的种类很多，明确各个文种的特征和适用范围，对于正确使用公文具有重要意义。行政公文常见的分类方式有以下四种：

1. 根据公文的用途划分

根据党政机关公文的用途不同可分为命令、决议、决定、公报、公告、通告、通知、通报、议案、报告、请示、批复、意见、函、纪要等 15 种。

2. 根据行文关系和行文方向划分

根据行文关系和行文方向可分为上行文、平行文、下行文。上行文是指下级机关向所属上级机关的发文，常见的有报告和请示。例如：市公安局向省公安局发请示或报告属上行文。平行文是同级机关单位或不相隶属的机关单位之间的互相行文，常见的是函，例如：市公安局和市卫生局之间用于沟通互发的函属于平行文。下行文是上级机关向所属的下级机关的行文，常见的下行文有命令、决定、通知、通报、批复。例如：国务院发布的决定、国务院针对省政府的请示所做的批复、省政府发出的通报都属于下行文。

3. 按公文的时限划分

公文按时限要求可分为紧急公文、常规公文两类。

紧急公文是指公文的内容有时限要求，需迅速传递办理的公文。紧急公文可分为特急和急件两种。紧急公文应随到随办，时限要求越高，传递、办理的速度相应要求也越快。

常规公文是指按正常速度形成运转和办理的公文。常规公文也应及时办理。随着社会的发展，为提高办公效率，常规公文也要尽量做到随到随办。

4. 按公文的机密程度划分

公文按机密与否划分，可分为保密公文和普通公文。保密公文是指内容涉及党和国家机密需要控制知密范围和知密对象的公文。保密公文按密级不同划分为绝密、机密、秘密公文。根据2010年10月1日起施行的新的《中华人民共和国保密法》规定："国家秘密的保密期限，除另有规定外，绝密级不超过三十年，机密级不超过二十年，秘密级不超过十年""机关单位对所产生的国家秘密事项，应当按照国家秘密及其密级的具体范围的规定确定密级，同时确定保密期限和知悉范围"。

四、公文的行文规则

行文规则是对公文的运行所作的规定。它是根据机关的组织系统、领导关系和职权范围来确定的。了解并掌握行文规则，可以准确、恰当地确定公文的主送机关、抄送机关，从而更有效地发挥公文的作用。要想弄清行文规则，首先要弄清公文的行文关系。

1. 行文关系

公文的行文关系即各级机关之间公文的授受关系，它是由各自的组织系统或专业系统归属、地位、职权范围等因素决定的。公文的行文关系规定着公文传递的基本方向，机关之间的工作关系有如下四种类型：

（1）上下级关系，即处于同一组织系统的上级机关与下级机关，它们之间存在领导与被领导的关系。如国务院和省政府。

（2）隶属关系，即处于同一专业系统的上级主管业务部门与下级主管业务部门之间，它们之间存在指导与被指导关系。如邯郸市政府隶属于河北省政府，但并不隶属于其他省政府。

（3）平级关系，即处于同一组织系统或专业系统的同级机关之间的平行关系。如全国各省、自治区、直辖市人民政府之间。

（4）非隶属关系，即非同一组织系统、专业系统的机关之间，无论是相同级别还是不同级别，均为不相隶属关系。如军事机关与各级地方人民政府之间。

公文的行文关系决定行文方向，具有上下级关系或隶属关系的机关或组织之间行文用到的是上行文或下行文。具体而言，上级机关给下级机关行文用的是下行文，下级机关给上级机关行文用的是上行文。具有平级关系或非隶属关系的机关或组织之间行文用到的是平行文。

2. 部门之间的隶属关系对行文规则的制约

部门之间的隶属关系对行文规则的制约主要表现在：公文一般需按隶属关系逐级行文。除非遇到以下特殊情况才允许越级行文：

（1）遇到紧急特殊情况，逐级上报会延误时机给组织造成重大损失。如发生重大的事故、防汛救灾等突发事件。

（2）经多次请示直接上级机关，问题仍未予解决。

（3）遇到需要检举、控告直接上级机关的行文。

（4）上级领导在现场办公中特别交待的问题，可越级行文。

（5）出现需要直接询问、答复或联系不涉及被越过机关职权范围的具体事项时可越级行文。

需要注意的是，越级行文一般应抄送被越过的上级机关。如有必要还可以采用多级行文，即同时向若干层级的上级机关或下级机关制发文件。

3. 部门职权范围对行文规则的制约

部门职权范围是指各单位职责权利的范围。对行文规则的影响主要表现在以下几点：

(1) 一般属于部门职权范围内的事务由部门自行行文。遇到须经政府审批的事项，行文之前应先征得政府的同意后再由部门行文，且文中须注明“经××政府同意”的字样。

(2) 下行公文内容如涉及其他机关职权范围时，行文应当遵守协商的原则。如果未与其他部门协商，或虽经协商但未达成一致意见，就单独向下行文，会给工作造成许多矛盾。上级机关针对这种情况，有权责令纠正或撤销此类公文。

(3) 如果一个部门的业务需要下级政府和有关部门的支持与配合，按隶属关系和职责范围又不具备布置工作、提出要求的行文权限时，可以通过授权行文来解决。具体说，这个部门可向本级政府请示，经本级政府同意并授权后，向下级政府行文。在操作中，应将文稿拟好，由本部门领导签署，请本级政府分管领导审批。经政府领导审批后的文稿，在行文时，才能在文首或文中注明“经××政府同意”的字样。这里特别需要说明的是，各级政府办公厅(室)的行文都具有授权行文的性质(内部事务除外)。各级政府办公厅(室)以及各部门的办公室是政府和部门的综合办事机构，对外行文都是代表政府和部门的，与本级政府和本部门的公文具有同等效力，下级机关(部门)都应贯彻执行，可不在文首或文中标注“经××同意”的字样。

4. 联合行文的行文规则

联合行文是指根据工作需要由两个或两个以上的机关共同行文，联合行文的机关必须级别层次相同或相近。例如：同级政府与政府之间，部门与部门之间，上级部门与下级政府之间可以联合行文；政府与同级党委、军事机关之间可以联合行文；政府部门与同级党委部门、军事机关部门之间可以联合行文；政府部门与同级人民团体和行使行政职能的事业单位之间，就某些互相有关的业务，经过会商一致后可以联合行文。

联合行文在实际公务中是很有必要的，它可以避免行文的不一致问题，也可以减少公文数量，提高效率。联合行文，既可联合向上行文，也可联合向下行文。需要注意的是，联合行文应当确有必要，联合行文还应遵循协商一致的原则，联合行文的单位不宜过多。

5. 抄送规则

文件可以有抄送机关。抄送机关主要指不需要办理文件但应当了解公文内容的机关或需要配合主送机关办理文件的机关。受双重领导的机关向上级行文，应标明主送机关和抄送机关。由主送机关负责办理。

向下级机关或本系统的重要行文，应同时抄送直接上级机关。所谓的重要行文往往是涉及重要公务或者重大问题的公文。例如：撤换主要领导、增设机构、批准大型项目、重要涉外活动等。

6. 党政分开的行文原则

党政机关应在各自的系统内制发公文。同级党政机关不得互行指示性或请示性的公文。重大问题可以联合行文，如 1993 年 10 月 5 日中共中央和国务院曾联合做出《关于反腐败斗争近期抓好几项工作的决定》的公文。需要注意的是确有必要才联合行文，次数也不宜过多。行文规则中还要说明的是，党的领导机关根据工作需要，可向同级政府及部门或下级政府机关行文；而政府机关不得向党的组织行文作指示、交任务。

五、公文的写作格式

（一）公文的构成

这里的公文构成是指公文的组织结构。公文的结构具有规范性和相对确定性。根据《党政机关公文处理条例》(中办发〔2012〕14号)文件第九条规定:“公文一般由份号、密级和保密期限、紧急程度、发文机关标志、发文字号、签发人、标题、主送机关、正文、附件说明、发文机关署名、成文日期、印章、附注、附件、抄送机关、印发机关和印发日期、页码等组成。”

（二）公文的格式规范

2012年6月29日制发的《党政机关公文格式》对公文的结构和格式做出了具体的要求，这是目前公文制发的国家标准。这些规范适用于国家各级行政机关的公文，其他机关、企事业单位的公文可参照执行。掌握公文的结构及格式对以后工作大有裨益，下面以党政机关的公文结构和格式为例依据《党政机关公文格式》的标准对公文结构和格式进行简单介绍。

在我国，党政机关通用公文的结构一般分为版头、主体和版记三部分，如图6-1所示。

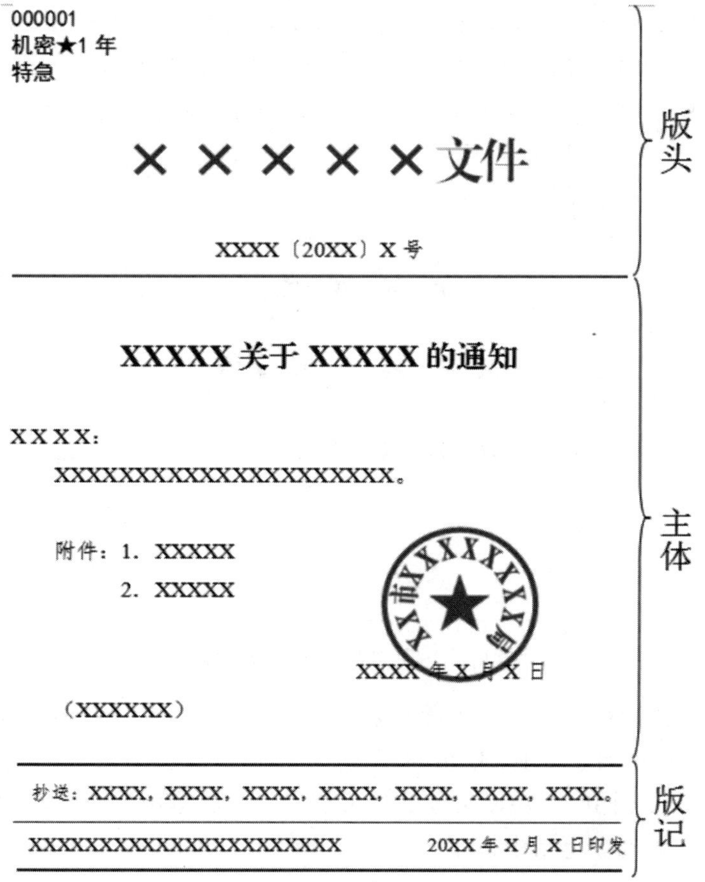

图6-1　党政机关通用公文结构

1. 版头

版头是指公文首页红色分隔线以上的部分。主要包括份号、密级和保密期限、紧急程度、发文机关标志、发文字号、签发人、版头中的分隔线。

1）份号、密级和保密期限、紧急程度

（1）份号。份号是同一文稿在印制总份数中的序号或流水号。份号是针对涉密公文而言的，普通公文一般不编序号。

份号顶格编排在版心左上角第一行，一般用 6 位 3 号阿拉伯数字表示，如 000001。

（2）密级和保密期限。密级分为绝密、机密、秘密。如需标识用 3 号黑体字，顶格编排在版心左上角第二行，两字之间空一字。如需同时标识保密期限，则密级和保密期限之间用“★”隔开，保密期限中的数字用阿拉伯数字标注。

（3）紧急程度。紧急程度是公文送达和办理的时限要求。紧急公文应当分别标注“特急”“加急”，电报应当分别标注“特提”“特急”“加急”“平急”。如需标识用 3 号黑体字，顶格编排在版心左上角。

如需同时标注份号、密级和保密期限、紧急程度，则按照份号、密级和保密期限、紧急程度的顺序自上而下分行排列，参见图 6－1。

2）发文机关标志

发文机关是公文的制发机关或单位。发文机关标志有两种方式：一种由发文机关全称或规范化简称加“文件”组成。“文件”二字置于发文机关名称右侧，适用于单一机关发文。另一种是并用联合发文机关名称，如图 6－2 所示，应放在联署发文之后。

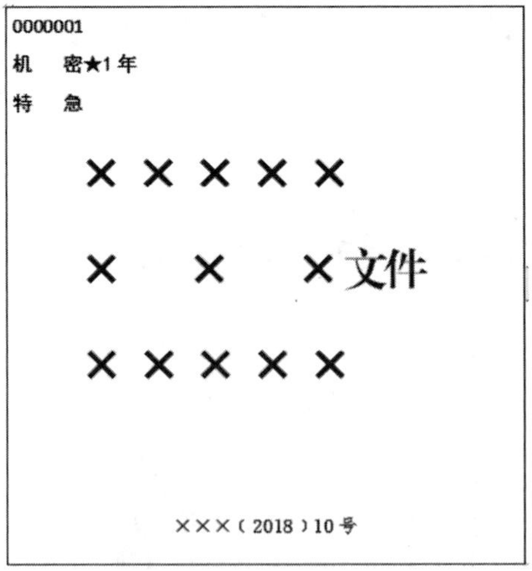

图 6－2　发文红头文件版头截图

发文机关的标志居中排布，上边缘至版心上边缘为 35 mm，推荐使用小标宋体字，常用红色字体印刷。以醒目、美观、庄重为原则。

联合行文时，如需同时标注联署发文机关名称，一般应将主办机关名称排列在前，以联署发文机关名称为准上下居中排布。

3）发文字号

发文字号是发文机关在一年内为所发公文依次编排的序号。由发文机关代字、年份、发文顺序号组成。机关代字是机关名称的缩写，由领导部门统一编订，不得随意更改。年份、发文顺序号用阿拉伯数字标注；年份应完整，例如 2018 年应标为 2018，不应省略为 18。年份应用六角括号“〔　〕”括入。例如，国函〔2004〕96 号。发文序号除“令”的序号外，不加“第”字，不编虚位(即 1 不编为 01)，在阿拉伯数字后加“号”字。

上行文的发文字号居左空一字编排，与最后一个签发人姓名处同一行。

联合行文时使用主办机关的发文字号。

发文字号一般位于机关标识下方空两行的位置，距下方的红色分割线 4 mm，党的公文发文字号可以在版头的左下方。报刊发布的文件发文字号标注在标题下方。发文字号使用三号仿宋体。

4）签发人

签发人是代表机关核准并签发公文的领导人。上行文应当标注签发人姓名。由“签发人”三字加全角冒号和签发人姓名组成，居右空一字，编排在发文机关下空两行位置(见图 6－3)。“签发人”三字用三号仿宋体字，签发人姓名用三号楷体字。

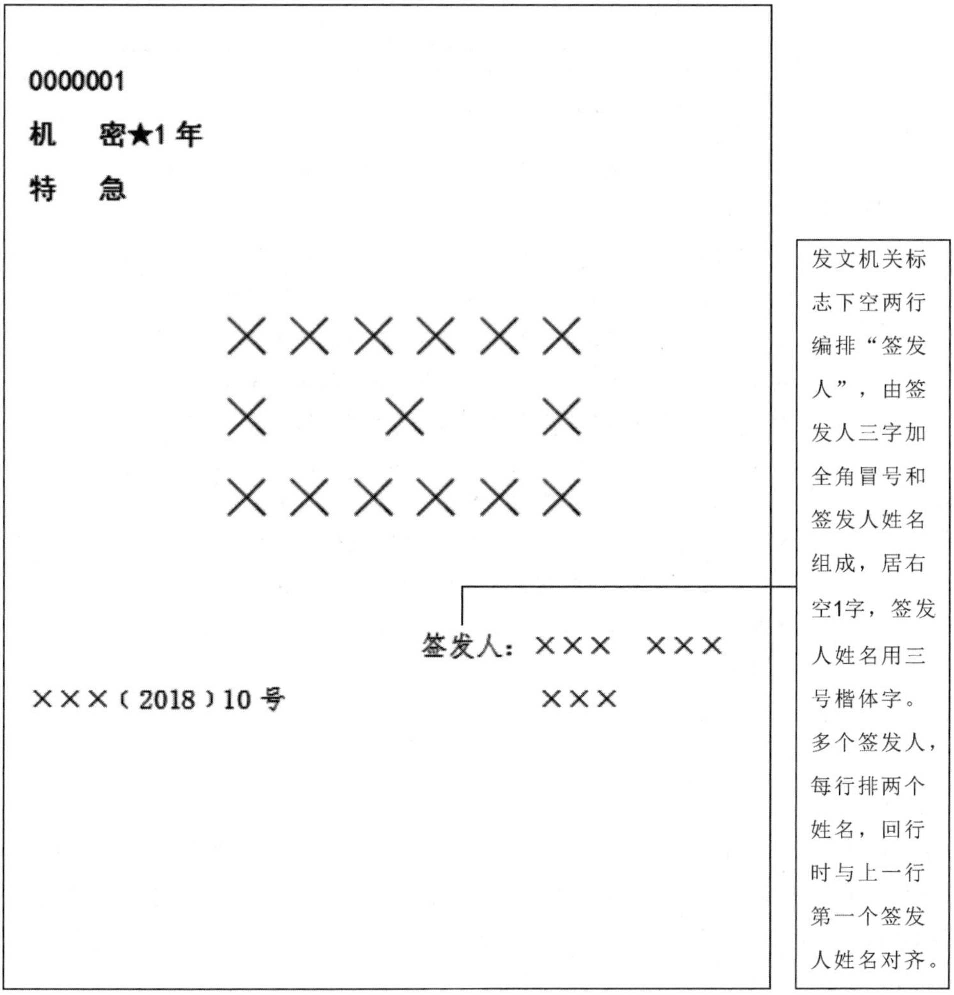

图 6－3　联合签发人标注样图

联合上报公文主办部门和协办部门的签发人都要标注。当有多个签发人时，签发人姓名应按照发文机关的排列顺序从左到右、自上而下依次均匀排列，一般每行排两个名字，回行时与上一行第一个签发人姓名对齐。下移红色分隔线使发文字号与最后一名签发人处于同一行并使其与红色分隔线距离为 4 mm。

5）版头中的分隔线

版头中的分隔线是发文字号之下 4 mm 处居中印的一条与版心等宽的红色分隔线。

图 6－4 和图 6－5 所示分别为红头文件版头及主体样图。

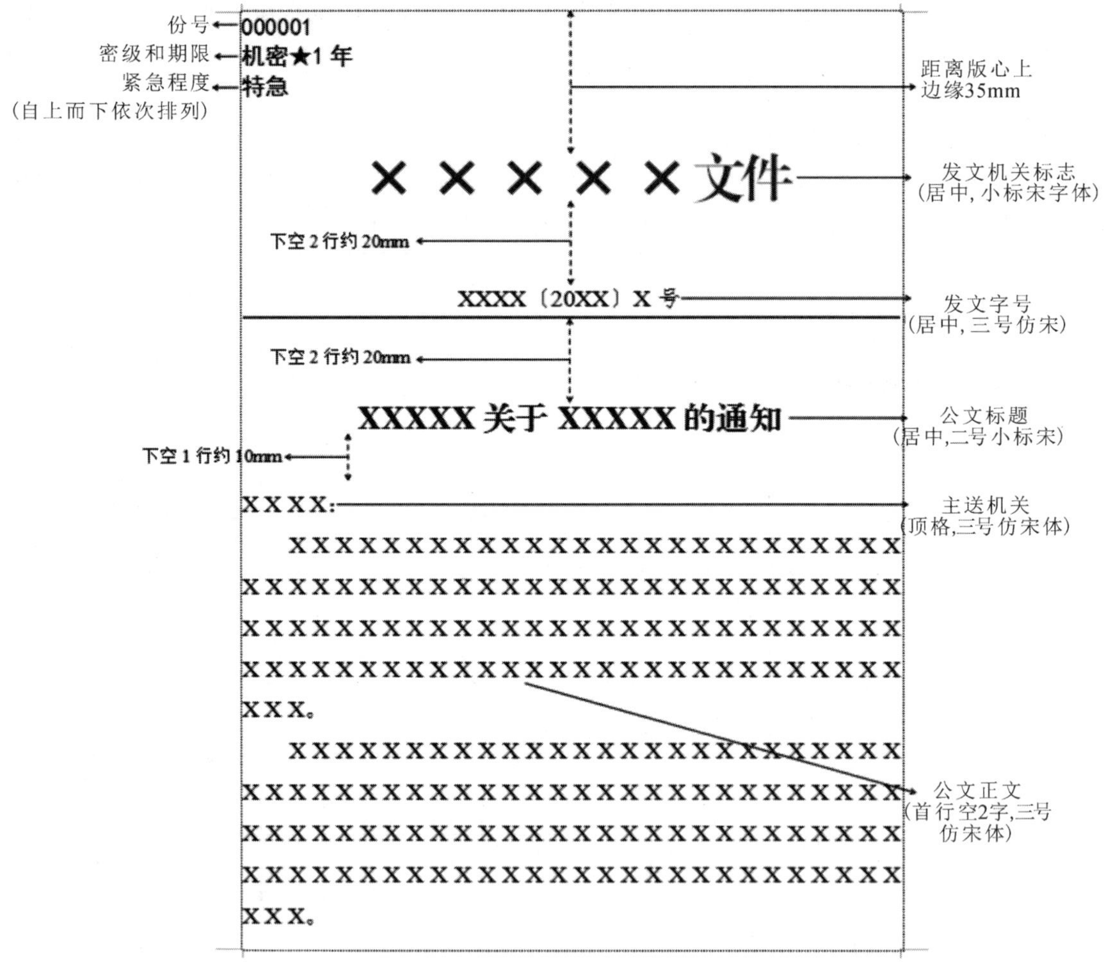

图 6－4　红头文件版头

2. 主体

公文主体部分指首页红色分隔线（不含）以下至末页首条分隔线（不含）以上的部分。主要包括标题、主送机关、正文、附件说明、发文机关署名、印章、成文日期、附注构成。参考图 6－1 所示。

1）标题

标题是公文的名称，由发文机关名称、事由和文种组成。有时可根据具体情况省略发文机关名称或事由。具体命名方式见后面章节不同公文文种标题的具体操作。

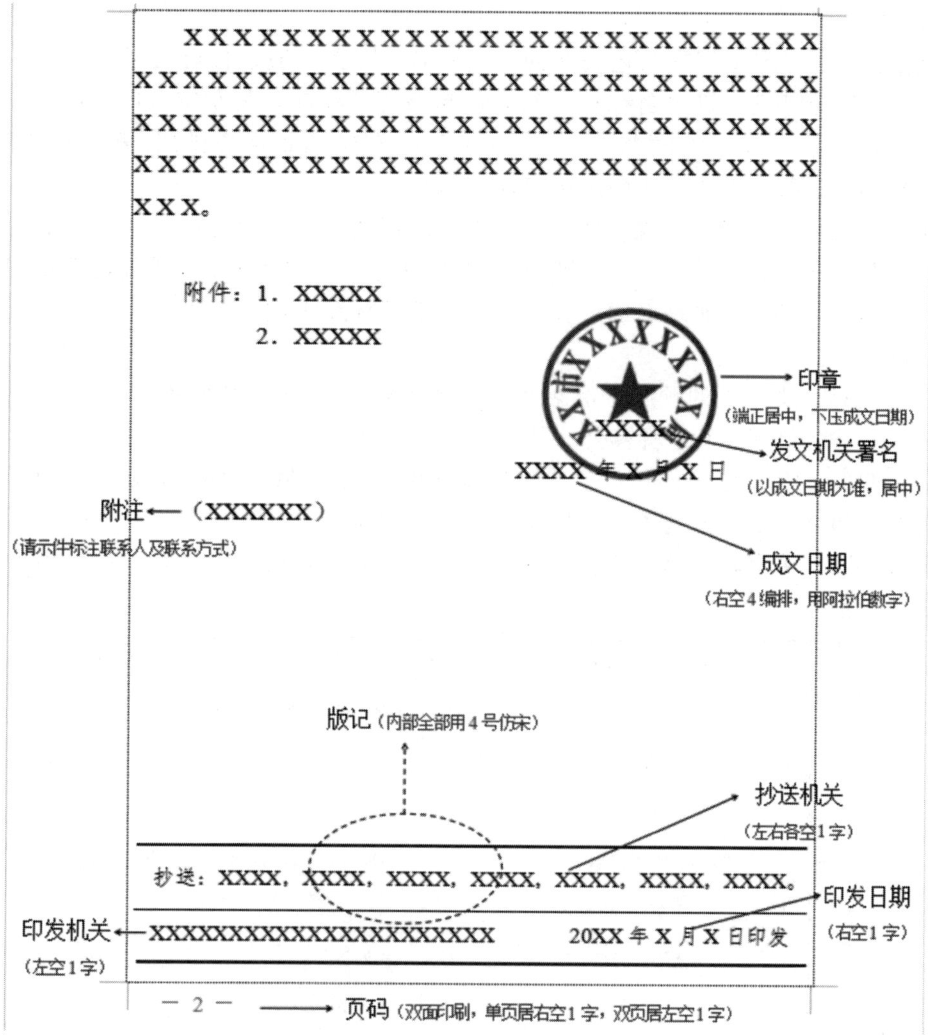

图 6-5　红头文件主体样图

标题位于红色分隔线下方空两行，居中的位置，要求用 2 号小标宋体字。标题中除法规、规章加书名号外，一般不加标点符号。标题如果过长需要分行排列，分行仍要保证各行词义完整、排列对称、长短适宜、间距恰当，标题排列应使用梯形或菱形。

2）主送机关

主送机关是公文的主要受理机关。除普发性公文外，一般应注明主送机关。上行文只能标注一个主送机关，如果还有其他机关需要掌握有关情况，可以用抄送形式，“请示”文种不得同时抄送下级机关。主送机关要写全称或规范化简称或同类型机关统称。下行文根据情况可以有多个主送机关。在排列主送机关名称时一般不能一一注出，要确定一个合理的顺序，一般采用统称的写法，如“公司各部门、各分公司”。

主送机关的位置：位于标题之下空一行位置，顶格从左向右书写，如一行写不完需回行，回行时仍需顶格书写。最后一个机关名称后面加全角冒号。如主送机关过多导致公文首页无法显示正文时，应当将主送机关名称移至版记。

3）正文

正文是公文的主体，用来表述公文的主要内容。正文一般包括公文的缘由、事项和结尾三部分。正文位于主送机关名称下一行，左起书写，每自然段左空两字，回行顶格。数字、年份不能分行，如使用序号按“一、”“（一）”“1. ”“（1）”的顺序排列。第一层用黑体字、第二层用楷体字、第三层和第四层用仿宋体字标注。

请示的正文应严格遵守一文一事原则，报告的正文不能夹带请示事项。

正文一般用 3 号仿宋体印刷。一般每行排 28 个字，并撑满版心。需要注意的是，公文首页应当显示正文内容，如果标题过长可以通过缩减标题字数来解决。

4）附件说明

附件说明是公文附件的顺序号和名称。往往是随文颁发的规章制度、文件中的报表、统计数字、人员名单等，不是所有公文都有附件。

附件的书写：附件在正文下方空一行左起空两字书写“附件”两字，后加全角冒号和附件名称。附件如有多个，使用阿拉伯数字标注附件顺序号（如附件：1. ××××××），附件名称后不加标点。每个附件单独成行，附件名称较长需回行时，应当与上一行附件名称的首字对齐，如图 6－6 所示。

×××××××××××××××××××××。

　　×××××××××××××××××××××××××××

×××××××××××××××。

　　附件：1. ×××××××××××××××××××××××

　　　　　×××××

　　　　2. ×××××××××××××××

×××××××

×　×　×　×

2019年7月10日

　（×××××）

图 6－6　标注多个附件公文截图

需注意的是，附件应另面编排，并在版记之前与公文正文一起装订。“附件”二字及附件顺序号用 3 号黑体字顶格编排在版心左上角第一行。附件标题居中编排在版心第三行。附件的格式要求同正文。

附件可与正文一起装订。装订的顺序应与标识的附件顺序一致。如附件不能与正文一起装订，应当在附件左上角第一行顶格编排公文的发文字号并在其后标注“附件”二字及其顺序号。

5）发文机关署名

发文机关署名应写全称或规范化简称。位置在正文下方（如有附件，则在附件下方），单一机关制发的公文落款处可不署发文机关名称（一般指版头或文件标题已包含发文机关名称的公文），只标示成文日期。联合行文的公文，应按照发文机关顺序整齐排列在相应位置，标注时主办机关排列在前，其他机关在下依次独行排列。

6）成文日期

成文日期一般右空四字编排。用阿拉伯数字书写，年、月、日齐全。年份应标全称，月、日不编虚位。例如“2018 年 6 月 5 日”不能写成“180605”。确定成文日期，常规行文以单位负责人签发之日为准；会议通过的文件，以会议通过之日为准。会议通过的机关公文，成文日期标注在标题下圆括号之内；联合行文，以最后签发机关负责人的签发日期为准。

7）印章

印章是公文生效的标识。印章用红色。公文除“会议纪要”和以电报形式发出的以外，都应当加盖公章。联合上报的公文，由主办机关加盖印章；联合下发的机关公文，发文机关都应加盖印章；印章应一一对应，端正、居中下压发文机关署名，最后一个印章端正居中下压发文机关署名和成文日期，印章之间排列整齐，互不相交或相切，每排印章两端不得超出版心，首排印章顶端应当上距正文（或附件说明）一行之内。

8）附注

附注是公文印发传达范围等需要说明的事项。如有附注，居左空两字加圆括号标注在成文日期下一行。

3. 版记部分

公文末页首条分隔线以下，末条分隔线以上的部分统称版记。参见图 6－1 标识。主要包括抄送机关、印发机关和印发日期、印制版记等。

1）版记中的分隔线

版记中的分隔线与版心等宽，首条分隔线和末条分隔线用粗线（推荐高度为 0.35 mm），中间的分隔线用细线（推荐高度为 0.25 mm）。首条分隔线位于版记中第一个要素之上，末条分隔线与公文最后一面的版心下边缘重合。

2）抄送机关

抄送机关是需要了解公文内容，但不负责处理和执行的机关。

抄送机关一般用 4 号仿宋体，在印发机关和印发日期之上一行、左右各空一字编排。“抄送”二字后加全角冒号和抄送机关名称，回行时与冒号的首字对齐，最后一个抄送机关名称后标句号。

如需把主送机关移至版记，除将“抄送”二字改为“主送”外，编排方法同抄送机关。既有主送机关又有抄送机关时，应当将主送机关置于抄送机关之上一行，之间不加分隔线。

3）印发版记

印发版记由印发机关、印发日期、印发份数组成。

印发机关一般指发文机关的办公厅（室）。印发日期是实际印刷的时间，用阿拉伯数字标出年、月、日。年份应完整，月日不编虚位，后加“印发”二字。一般用 4 号仿宋体字。

标注位置：公文末条分隔线之上，位于同一行，印发机关左空一字，印发日期右空一字。版记中如有其他要素，应当将其与印发机关和印发日期之间用一条细分隔线隔开。宽度同版心，可以使各部分清晰区分。

4）页码

一般用 4 号半角宋体阿拉伯数字，编排在公文版心下边缘之下，数字左右各放一条一字线；一字线上距版心边缘 7 mm。单页码居右空一字，双页码居左空一字。公文版记页前有空白页的，空白页和版记页均不编排页码。公文的附件与正文一起装订时，页码应当连续编排。

（三）特定格式

机关组织在行文过程中，除了上面介绍的通用格式外，某些特定问题需要采用特定格式，特定格式主要有信函式、命令式和会议纪要式三种类型，其中命令、信函、会议纪要本书不涉及，不再介绍。

实训拓展

1. 指出下面发文字号、成文日期及标题的错误，并给予改正。

（1）×府发〔2012〕第 7 号

（2）×政发(15)9 号

（3）×政发(二〇一七)06 号

（4）二〇一七年六月五日

（5）××企业关于申请更换设备的请示报告

（6）××市政府写给××省政府的《关于企业改制问题的请示》

2. 指出下面红头文件的发文机关、主送机关和发文字号。

× × 市教育局

× × 市司法局文件

××市法制宣传教育领导小组办公室

××〔2019〕×× 号

××市教育局　××市司法局
××市法制宣传教育领导小组办公室
关于转发《××省教育厅　××省司法厅　××省法治宣传教育领导小组办公室关于开展××省教师和青少年学生“××××××××××”专题征文活动的通知》的通知

各县（市、区）教育局（文教体局）、司法局、法治（制）宣传教育领导小组办公室，市直各学校：

为贯彻落实习近平总书记关于××××的重要指示精神，按照党中央、国务院和省委省政府决策部署，开展×××××治宣

第二节　通　　知

知识目标

掌握通知的概念、使用范围、种类、结构及格式。

能力目标

(1) 学会常用的知照性通知、指示性通知以及批转转发性通知的写作方法。

(2) 能够根据所学公文文体知识修改病文。

一、通知的定义

在公文行文中，通知是运用最广泛的下行文。据统计，在机关单位所有的公文中，通知所占的比例高达70%以上。由此可见，通知在处理办公事务中发挥着举足轻重的作用。根据《党政机关公文处理工作条例》规定：通知是“适用于发布、传达要求下级机关执行和有关单位周知或者执行的事项，批转、转发公文”。具体而言，通知的适用情况主要有：

(1) 向下级或有关对象告知事项或布置工作。例如，遇到节假日相关部门发布的放假通知；召开会议时预先以通知的形式告知参会人员会议的相关情况和要求。

(2) 批转下级机关的文件，传达上级机关或其他不相隶属机关的文件。

(3) 对本单位基层负责人进行任免。

二、通知的种类

根据通知作用的不同，通知主要分为知照性通知、指示性通知、批转转发性通知。

(一) 知照性通知

知照性通知主要是向受文单位及有关人员传达其需要知晓的事项，例如，设立或裁撤机构，启用或更换印章，任免或聘用干部。知照性通知具有很强的告知性。

(二) 指示性通知

指示性通知是上级机关对下级单位部署工作、下达任务、作出规定的通知。指示性通知需要受文机关根据通知要求办理，重点要讲清任务、要求和做法。例如，上级单位布置工作任务、安排开展活动，解决实际工作中的重大问题，如《××市教育局关于举办毕业生就业双向选择会活动的通知》。

(三) 批转转发性通知

用于批转下级机关公文，转发上级机关和不相隶属机关公文。批转转发性通知是复合体公文，由通知本身和被批转、转发、印发的文件共同构成。需要注意的是，被批转的文件如果是法律或规章制度性文件，需要在原标题上加“《》”，否则不加“《》”。

1. 批转

批转是指通知的发文单位将所属下级单位的来文，先批准之后再转发给所有下属单位的通知形式。批转通知可以起到认可批准的作用。

2. 转发

转发是指通知的发文单位将上级单位或不相隶属单位的来文传达给所属下级单位，使其了解或执行的通知形式。例如，《××建筑公司关于转发××市政府关于加强安全生产工作的决定的通知》，转发通知可以起到传达的作用。

3. 印发

印发是指将本单位制定的行政法规、规章制度或其他文件向所属单位以通知的形式发布。例如，《××省人民政府关于印发〈××省应急产业发展规划(2020—2025)〉的通知》。

三、非批转转发性通知的写作格式

非批转转发性通知一般由标题、主送单位、正文、落款和成文日期构成。有的通知根据需要还会有附件。

1. 标题

标题的写作一般有三种形式，一种是由文种“通知”作标题，一般只适用于单位内部；一种是由“事由＋通知”作标题，例如，《关于清明节放假的通知》；还有一种是由“发文机关名称＋事由＋通知”作标题，这种标题适用于内容比较重要的通知，例如，《××市人民政府关于撤销××县设立××区的通知》。如果事情重要或紧急，还可在以上标题的“通知”两字前加“重要”或“紧急”二字，以引起注意，例如《××市教育局关于严格禁止“五一”法定节假日补课的紧急通知》。

2. 主送单位

主送单位即受文单位名称，应写全称或规范化简称。另起一行顶格写，主送单位后应使用冒号。需要注意的是，通知的主送单位可以是一个，也可以是多个，需根据发文单位的权限及发文需要确定。如果主送单位较多时，可采用概括的方法，依次标明单位的规范化简称或同类单位的统称，如“各省、自治区、直辖市人民政府”“各系部”。

3. 正文

通知的正文由开头、主体和结尾三部分组成。

开头主要交代通知的发文缘由、根据、目的、意义等。通常用“为了……”“根据……”引出缘由，再用“现将有关事项通知如下”“特作如下通知”等语句过渡。

主体主要阐明通知的事项、措施、要求、希望等，如果内容较复杂可采用条款的形式来组织。例如，会议通知一般要写清楚会议的名称、起止时间、地点、主要内容、参加对象、会议要求等。指导、布置工作的通知正文一般应写明工作步骤和完成的要求等。主体的写作要求是条理清晰、一文一事，任务的布置要做到具体可行。

结尾简要提出执行要求，常用“请遵照(参照、认真)执行”“特此通知”等结束语结尾。

4. 附件

并非所有的通知都有附件，附件是对正文内容起补充说明作用的文字材料。例如，会议通知中的交通路线图、回执等通常作为附件。带有附件的公文应有附件说明。附件说明应于正文下空一行左空二字编排“附件”二字，后标全角冒号和附件名称。如有多个附件应使用阿拉伯数字标注附件顺序号。附件名称后不加标点。附件名称较长需回行时，应当与上一行附件名称的首字对齐。

如附件：1. ××××××××
　　　　2. ×××××××××××××××××××××××××××××××××××××

5. 落款和成文日期

落款指发文机关。发文机关应用全称或规范化简称，并加印公章。具体位置位于正文右下方发文时间之上。发文时间应用阿拉伯数字书写，年、月、日齐全。月、日的书写不编虚位。其他公文亦做同样要求。如果已在标题中写了发文机关名称或使用了规范的红头文件格式，落款可以省略，只盖印章。出于教学需要，一般不要求学生描画印章而以文字形式落款。

四、批转转发性通知的写作格式

1. 标题

（1）批转通知的标题。批转通知的标题由“发文机关名称（即批转单位名称）＋批转＋被转文件名称＋文种（即通知）”构成，批转通知只适用于上级机关对下级机关发文。例如，《××总公司批转第一分公司关于安全质量检查方案的通知》。

（2）转发通知的标题。转发通知的标题由“发文机关名称（即转发单位名称）＋转发＋被转文件名称＋文种（即通知）”构成，转发通知适用于转发上级文件或者同级其他部门或单位的文件以及不相隶属机构的文件。例如，《国务院办公厅转发科技部等部门关于推进县（市）科技进步的意见的通知》。

（3）印发通知的标题。印发通知的标题由“发文单位名称＋关于印发（或发布、颁行）＋被发文件名称＋文种（即通知）”构成。例如，《××市行政审批局关于印发＜行政审批档案立卷归档移交借阅工作细则＞的通知》。

需要注意的是，标题中的被批转文件名称除法律或规章制度性文件需在原标题加书名号外，其他一律不加书名号。

2. 主送机关

主送机关即受文办理单位，同前面通知类型。

3. 正文

批转转发性通知的正文包括批转语（转发语）和执行要求两项内容。

批转通知的批转语是上级对下级文件批示“同意”，一般用“×××（上级机关名称）同意×××单位×××文件（被批转文件名称）”，然后加“现转发给你们”，接着提出执行要求，如“请遵照执行”或“请认真贯彻执行”。

转发性通知的转发语根据转发文件的来源不同主要有两种书写方式：

（1）如果发文单位的文件来自不相隶属机关，发文机关必须说明已经上级同意。例如，国务院办公厅转发科技部等部门的有关文件，其转发语是“科技部、中央编办、财政部、人事部《关于推进县（市）科技进步的意见》已经国务院同意，现转发给你们”。

（2）如果文件来自上级单位，转发语可直接表述“现将《×××（文件名称）》转发给你们”，或“为了……（发文目的），现将《×××（文件名称）》转发给你们，请认真贯彻执行”。

印发通知的写法可以先交代发文缘由或依据，如“为了……（交代发文目的或意义），现将《×××(文件名称)》印发给你们，请认真贯彻执行”，或“根据……现将《×××(文件名称)》印发给你们，请认真贯彻执行”。例如：××市行政审批局关于印发《行政审批档案立卷归档移交借阅工作细则》的通知正文就是这样写作的：“为进一步加强我局行政审批档案的细化管理，指导各处室规范整理和移交档案，现制定了《行政审批档案立卷归档移交借阅工作细则》并印发给你们，请遵照执行。”

4. 被批转、转发、印发文件的标注

批转转发性通知属于复合性通知，由通知本身和被批转、转发、印发文件共同构成。被批转、转发、印发文件的标题应按行政公文格式要求以附件形式标注，即附件被批转、转发、印发文件名称。需要注意，附件文件名称后不应加标点。具体格式按行政公文附件标注规范执行。被批转、转发、印发文件的全文应排印在成文日期下方，或另起一页排印。

例文评析

例文

关于登山春游活动安排的通知

各系部：

为丰富员工生活，提高大家工作的积极性，学校将于4月6日开展为期一天的登山春游活动。登山地点定在邢台云梦山。现将具体事项的安排通知如下：

一、活动指挥

总指挥：工会主席刘鹏程。工会其余四位成员分别负责一辆车，详见附表。

二、活动时间和行程安排

(1) 4月6日早上8：15参加登山的员工带上身份证，统一在学校大门口集合，并按指定的车辆乘车。8：30各车长将实到人数报给刘主席，并领取饮用水(每车两箱)。

(2) 8：40准时从学校出发，10点左右到达云梦山下，并组织登山。

(3) 12点在山下云梦山门口集合，步行前往仙客来饭店用中餐。仙客来饭店距离云梦山门口大约800米。饭后可自由活动。下午4点在云梦山门口集合乘车返回学校。

三、注意事项

(1) 登山时最好穿运动鞋，带适量的饮用水。

(2) 周末登山人较多，登山时要量力而行，注意安全。

(3) 春天天气干燥，防止山火，注意环保。严禁携带火种(打火机、火柴)上山。

(4) 乘车要按指定的车辆，各车长要点好人数，员工如提前自行返程必须告知车长。

(5) 听从组织人员的统一指挥，由于参加活动的人数较多，

评析

1. 本通知标题采用了“事由＋文种”的形式。

2. 主送机关为各系部，采用了同类规范化的简称。

3. 正文采用条款式的写作方式，条理清晰。

<table>
<tr><td>负责人要组织好本部门的员工，共同搞好此次活动。
特此通知。

附件：各部门所在车辆编号及负责人联系方式表

××学校工会(加公章)
2019 年 3 月 25 日</td><td>4. 结尾采用了常见的“特此通知”。
5. 落款由发文机关和发文日期构成，发文日期用阿拉伯数字书写，格式规范。</td></tr>
</table>

复合体通知范文：

<table>
<tr><td>例文</td><td>评析</td></tr>
<tr><td>

国务院应对新型冠状病毒感染肺炎疫情联防联控机制关于印发新冠肺炎出院患者复诊复检工作方案(试行)的通知

国办发明电〔2020〕15 号

各省、自治区、直辖市人民政府，国务院各部委、各直属机构：
《新冠肺炎出院患者复诊复检工作方案(试行)》已经中央应对新型冠状病毒感染肺炎疫情工作领导小组同意，现印发给你们，请认真贯彻落实。
国务院应对新型冠状病毒感染肺炎疫情联防联控机制(公章)
2020 年 4 月 6 日

新冠肺炎出院患者复诊复检工作方案
(试行)
为进一步做好新冠肺炎患者治愈出院后的隔离观察、复诊复检、健康监测和康复管理等相关工作，实现全流程管理，促进患者全面康复，特制定本方案。
一、职责分工
(一)各级卫生健康部门要加强对新冠肺炎患者出院后隔离观察和管理的统筹协调，指导定点医院、隔离场所、康复医疗机构、基层医疗机构密切配合，加强信息沟通，协同做好新冠肺炎患者出院后的隔离观察、管理复诊复检、健康监测和康复管理等工作。
……</td><td>1. 本通知是一篇复合体公文，由通知本身和被印发的文件共同组成。
正文在前，印发的文件(即复诊复检工作方案)在后。
2. 标题采用了“发文机关＋事由＋文种”的形式。
3. 主送机关为各省、自治区、直辖市人民政府，国务院各部委、国务院各直属机构，使用了同类型机关的统称。需要注意的是，主送机关之间的标点符号的正确使用，同类之间用顿号，不同类之间用逗号。
4. 发文字号为国办发明电〔2020〕15 号，年份、发文顺序号用阿拉伯数字标注，标注规范，位置居中排列。</td></tr>
</table>

二、隔离管理(原文内容略) 三、复诊、复检管理(原文内容略) 四、核酸复检阳性人员 (十)出院患者核酸复检呈阳性，并出现发热、咳嗽等临床表现，CT影像学显示肺部病变加重，属确诊病例，应当尽快将其转至定点医院进一步治疗。核酸检测呈阳性但无临床表现和影像学进展的，属确诊的康复期患者，应当继续隔离观察，按照本方案做好个人防护等相关工作。各级卫生健康部门应当做好科普宣传，定期向社会公布相关信息，营造积极的社会氛围，消除公众对患者的歧视。	5. 落款由发文机关和发文日期组成，发文日期用阿拉伯数字书写，书写规范。 6. 印发的工作方案采取了条款式的写作方式，条理清晰，层次分明。

病文评析

下面这则通知在结构写法、语言表达等多方面存在错误，请找出并加以说明。

病文	评析
行政部关于成立国画培训班的通知 为了更好地配合构建最美校园的活动，丰富广大教职工的业余生活，我部准备成立一个国画培训班，培养我们的审美情操。学习国画不仅有利于我们提高观察生活的能力，还有利于我们从生活中挖掘美，使我们更加热爱我们的校园。 本培训班将聘请专业或业余画家来讲学，拟用一年时间使成员掌握国画基本知识及绘画技能，待初步掌握这些技能之后，还将以学校的风景为素材，举办学员作品展览，评出优秀作品，对优胜者予以适当奖励，对所有成员颁发毕业证书。 凡是对绘画有爱好的教职工都可以报名参加，活动时间每周五下午2∶30到4∶30。报名处在工会办公室。 绘画是一门艺术，它会使我们的生活更加充实，望大家踊跃报名参加。 行政部办公室(盖章) 2018年3月11日	1. 发文机关不当。通过通知内容可知成立国画培训班并不是行政部行政和业务工作的需要，而是为了丰富教职工的业余生活，这样的工作不应由行政部门出面组织而应由工会来牵头。发文机关应为工会办公室。标题中的行政部应改为工会。 2. 缺主送机关。由于通知是面向全校教职工的，主送机关应为各系部。 3. 通知的主体条理不清。可以按照活动时间、活动内容、活动方式、报名时间、报名地点、报名要求组织。 4. 通知没有注重时效性，缺乏最主要的报名起止时间。报名要求也没有列出。 5. 通知存在违反相关政策的内容。毕业证书只有教育部门有资质颁发，一个业余培训班不应有毕业证书，如果有也只能是开具相关培训证明。业余活动不应占用正常教学时间，周五下午2:30到4:30为正常教学时间。 6. 落款应为工会办公室。

实训拓展

1. 中文系将于 2018 年 12 月 5 日—7 日举办一次面向全校的演讲比赛，比赛分初赛、复赛、决赛。请代中文系拟写一则通知，通知应包含报名地点、报名时间、具体负责人及联系方式、参赛要求等内容。(比赛主题自拟)

2. 起航房地产公司为了按时完成在建的某工程项目，各部门员工经常牺牲休息时间加班工作。为鼓励员工积极性，公司根据国家有关规定，决定为所有加班员工支付加班费，请以公司的名义撰写一篇关于发放加班费的通知。通知的写作应注意以下问题：

(1) 加班时间、加班人员的认定。

(2) 明确加班人员的范围。

(3) 发放加班费的标准不能违背国家相关规定。

(4) 通知的写作要格式规范、条理清晰。

第三节　通　　报

知识目标

掌握通报的概念、使用范围、类型、结构及格式。

能力目标

(1) 能够正确使用通报文体。

(2) 能够写作符合公文格式要求的通报。

(3) 能够根据所学通报文体知识修改病文。

一、通报的定义

根据《党政机关公文处理工作条例》规定通报是“适用于表彰先进、批评错误、传达重要精神和告知重要情况”时使用的公文，通报适用于国家机关、社会团体和企事业单位。根据定义可知，通报主要在以下三种情况下使用：

(1) 用于表彰先进人物、先进集体的突出事迹，号召大家向其学习。例如：表彰那些乐于助人、拾金不昧、发明创造、取得突出业绩的先进个人或先进集体。

(2) 用于批评本单位出现的违法乱纪等不良行为，警示大家吸取教训，防止类似问题的发生。例如：针对单位个别人的迟到、早退、渎职、贪污等不良行为发出通报。

(3) 用于通报本单位发生的重要情况，让群众及时了解工作中存在的新情况和新问题。例如：通报某项活动的最新进展情况。

二、通报的种类

1. 表彰性通报

表彰性通报用来表彰先进集体和个人，通过介绍先进事迹、有效经验，达到树立榜样，号召大家学习的目的。

2. 批评性通报

批评性通报用来批评、处分错误，通过树立反面典型，告诫和教育大家吸取教训，引以为戒。

3. 情况通报

情况通报用来传达重要情况和动向，通过沟通交流信息达到指导推动工作的目的。

三、通报的写作格式

通报的结构一般由标题、主送机关、正文和落款四部分组成，具体写法如下：

1. 标题

标题的写法：最常见的通报标题有两种写法：一种是“发文机关名称＋事由＋文种”，如《××省人民政府关于授予王三省××省优秀教师荣誉称号的通报》；另外一种是由“事由＋文种”，如《关于5月19日部分地区互联网网络故障情况的通报》。此外，有少数通报的标题是以“机关单位名称＋文种”构成，如《中共××市纪律检查委员会通报》，也有的内部通报标题只有文种名称。

2. 主送机关

（1）主送机关的格式：另起一行，顶格写，主送机关后面加全角冒号。

（2）主送机关的写法：通报作为正式发文应标明主送机关。普发性通报或是在单位内部公布的通报可以省略主送机关。

3. 正文

（1）正文的格式：另起一段开头空两格，内容复杂的通报需要分多段书写。

（2）正文的写法：正文的结构通常由开头、主体和结尾组成。一般开头要通过概述事实经过来讲清通报的缘由。主体要对所述事实进行分析评价，写清楚决定事项，其中表彰性通报的决定往往是以给予有关单位或个人某种荣誉称号或其他物质奖励来呈现；批评性通报的决定由于可以作为行政处罚手段，因此做出批评决定之前的分析一定要有充分依据。结尾提出通报的希望和要求。表彰性通报的结尾号召大家学习先进事迹、借鉴吸收典型经验；批评性通报的结尾号召大家引以为戒，提出防止类似错误出现的原则性要求和措施，吸取各方面教训。情况通报的正文写法和表彰通报、批评通报的写法略有不同，主要包括两项内容：通报有关情况、分析并做出结论。重大事件的通报一般包括叙述事实，分析原因，提出要求和措施等内容；通报的结尾往往以“特此通报”结束，也可以自然结尾。

无论哪一种通报的写作都要求内容真实，因此动笔前要做好调查研究，对有关情况和事例要认真细致地核对。做出分析和评价时要实事求是，公正客观。发出通报的时间要及时。

4. 落款

落款包括发文机关名称、发文时间和印章。发文机关名称应采用全称或规范化简称。发文时间要求用阿拉伯数字书写，年、月、日齐全，月、日不编虚位。

落款的格式：正文末尾另起一行，右下角书写发文机关名称，再另起一行在发文机关名称下写发文时间，并加盖印章。加盖印章应骑年盖月。

【例文分析】

例文

××市教育局关于表彰 2018 年度考核获得嘉奖奖励人员的通报

×教〔2019〕506 号

市属高校、市直中小学(幼儿园)、局机关各处室、直属事业单位:

根据中共××市委组织部关于做好公务员考核工作的通知和《××市人力资源和社会保障局关于做好 2018 年事业单位工作人员年度考核工作的通知》(×人社字〔2019〕16 号),结合教育系统实际,我局召开专题会议,印发考核文件,认真组织对局机关科级以下公务员及 63 个事业单位工作人员年度考核,参加考核人员共计 8958 名。各单位经过个人述职、民主测评、组织审查、定期公示等程序,并经市教育局审核,市委组织部、人社局审批备案,确定 2018 年度市教育局机关获嘉奖科级以下公务员 5 名,市直所属学校、直属事业单位获嘉奖教职工 1029 名。依据《公务员奖励规定》和《事业单位人员管理条例》,决定对魏晓东等 1034 名获得考核嘉奖的同志予以通报表彰。希望受表彰的同志继续努力、再创佳绩。全市教育系统广大教职员工要在习近平新时代中国特色社会主义思想指导下,不忘初心,牢记使命,为办好人民满意的教育做出新的贡献。

公务员奖励标准参照中共××市委组织部、××市人事局《关于转发冀组通字〔2008〕3 号文件的通知》(×组通字〔2008〕48 号)规定执行。

附件:2018 年市教育局机关及所属事业单位获得嘉奖奖励人员名单(共 1034 人)

××市教育局(盖章)
2019 年 10 月 27 日

2018 年市教育局机关及所属事业单位获得嘉奖奖励人员名单(共 1034 人)

(附件具体内容略)

评析

1. 这是一则表彰通报,通报标题采用了“发文机关名称+事由+文种”的完整式标题。

2. 由于是正式发文,有发文字号“×教〔2019〕506 号”。

3. 主送机关采用同类合并,使用了简称。

4. 正文开头用概括的语言交代了此次表彰通报的背景:考核工作的依据,考核的范围,考核的程序。紧接着书写表彰结果。由于获奖人员众多,正文主体采用了概述的方式,具体名单则以附件的形式附在正文后面。这样书写保证了正文的简洁明了。最后提出希望和要求以及奖励依据。

例文

教育部办公厅关于近期学校食物中毒和肠道传染病流行事件的通报

各省、自治区、直辖市教育厅(教委),新疆生产建设兵团教育局,部属各高等学校:

今年秋季开学以来,河北、江西、湖南、贵州、山西等地相继发生6起学校食物中毒和肠道传染病流行事件。9月1日～6日,河北省唐山市玉田县育英小学25名学生陆续出现发热、腹泻等症状;9月5日,河北省承德市隆化县章吉营中学因学校自备水源被污染使得135名学生发生腹泻;9月6日,江西省高安市独城镇红星幼儿园23名儿童发生疑似食物中毒;9月8日,湖南省长沙市雨花区枫树山小学70名学生发生疑似食物中毒;9月20日,贵州省遵义市桐梓县茅石乡中学26名学生因食用在学校食堂购买的月饼出现头晕、无力、心慌等症状;10月10日,山西省太原市新晓双语小学197名学生发生疑似食源性疾病。这些事件的发生,严重影响了学生的身心健康和学校正常教学秩序,也充分暴露出个别地方和学校食品安全管理工作还存在不少漏洞和隐患。为使各地教育行政部门和学校从上述事件中吸取教训,引以为戒,特予通报并重申要求如下:

一、各地教育行政部门和各级各类学校要高度重视学校食品卫生安全工作。学校要严格食堂(包括校园食品店)的安全管理,经常性地开展自查,及时消除各种食品安全隐患,确保采购、加工、供应、贮存等关键环节安全可控。要严格学校生活饮用水的卫生管理,自备水源的供水必须经过卫生部门的水质检测合格后方可使用。

二、要严格执行学校食品安全问责制,对学校食物中毒和肠道传染病流行事件的原因和责任要一查到底,对因疏于管理、措施落实不到位造成食物中毒和肠道传染病流行事件的学校和责任人要严肃查处。

三、各地教育行政部门要建立完善学校食物中毒等突发公共卫生事件预警和通报制度,根据食物中毒和传染病发生规律和特点,及时提醒和督促学校落实各项工作措施。

四、要加强应急体系建设,不断健全应急预案,遇到重大食物中毒等突发公共卫生事件时,迅速启动应急预案,加强组织领导,妥善应对和处置,最大限度地保证师生健康和生命安全。

教育部办公厅(盖章)

二〇一一年十月十三日

评析

1. 这是一则情况通报,通报标题采用了“发文机关名称+事由+文种”的完整式标题。

2. 主送机关采用了简称与全称相结合的方式。同类合并用简称,无法合并(新疆生产建设兵团教育局)用全称。

3. 正文开头用高度概括的语言交代通报缘起,即今年秋季开学以来在各地发生的6起学校食物中毒事件和肠道传染病流行事件。主体部分对各地发生的此类事件的具体情况进行罗列通报。让大家清楚了解事件的全貌。通过分析让大家认识到问题的严重性,并从此类事件中吸取教训。结尾部分从四方面提出要求,既有原则又有具体措施,结构条理清晰,内容切实可行。

4. 需要说明的是,由于是2011年发文,当时的公文规定落款时间为汉字书写。当下如果再发文应遵循最新规定,用阿拉伯数字书写落款的时间。

病文评析

病文

关于××食品厂司机的通报

今年3月4日早晨，××食品厂司机李某以磨合汽车为借口，擅自驾驶“630”食品防尘车并带上5个朋友从××分厂去水库钓鱼。“上班时间不得旷工或擅离工作岗位，不准利用公车从事与工作无关的活动”，这些行为都是公司明文禁止的，每个员工应当严格遵守，但该员工无视公司规章制度，上班时间利用公车游玩，其行为严重违反公司管理规定。

为严肃纪律，根据相关规定，经公司研究决定：给予××食品厂员工李某通报批评，并在2019年3月生产绩效奖金中下调人民币1000元整。

希望当事人吸取教训，遵循规范，严格遵守公司各项管理制度。同时希望各位员工引以为鉴，在工作中严守公司各项管理规定，从细节入手，从身边做起，以优良的工作作风促进我们不断进步。特此通报。

××食品有限公司(盖章)
二〇一九年五月二日

评析

1. 通报标题不完整，根据通报内容可以看出这是一则批评性通报，通报的标题采用的是“事由＋文种”的标题形式。标题事由不清楚，应改为“关于××食品厂司机李明滥用公车的批评通报”。

2. 通报没有标明发文范围，应为“各部门”。

3. 落款时间应该用阿拉伯数字书写。

4. 通报的时间不够及时，事件发生在3月4日，通报的发文时间却拖到了5月2日，不能及时发挥通报警示教育的作用，应在第一时间发出。

实训拓展

1. 李某是中通快递公司一名普通快递分拣员，由于工作努力，勤于思考，在工作中改良了工作程序，大大提高了快递分拣速度，提高了公司的效益。经公司领导研究决定，对李某予以通报表扬，授予李某同志“优秀员工”称号并奖励其人民币1000元。请以公司名义拟写一则面向公司各部门的表彰性通报。

2. 为提高学生出勤率，建立健全学生考勤制度，瑞星学校每月末都定期公布该月学生的迟到、早退、请假、旷课情况。4月共有25人迟到，15人早退，10人请假，另有7人旷课(具体情况可自行补充)。请根据以上材料撰写一份瑞星学校4月考勤情况通报，要求简明概括，语言准确，条理清晰，希望和要求切实可行。

3. 某县建设局局长李××利用公务之便，多次收受贿赂总计887万元，行为恶劣，经市人民政府研究决定撤销李××建设局局长职务，开除党籍，要求有关单位和人员汲取教训。文件发至市、县各机关。请根据所学知识，为某市政府拟写一则批评性通报。

第四节 公 告

知识目标

掌握公告的概念、适用范围、分类、结构及格式。

能力目标

（1）学会公告的写作方法，不随意扩大公告的使用范围。

（2）能够根据所学公告文体知识修改病文。

一、公告的定义

根据《党政机关公文处理工作条例》规定，公告“适用于向国内外宣布重要事项或者法定事项”。根据定义可以看出公告的使用必须满足以下三个条件：

（1）发布范围的广泛性。公告的发布范围是面向国内外的读者和听众。

（2）发布内容的规定性。公告的发布内容具有严格的规定性。主要包含以下两方面：一是向国内外发布重要事项或重大行动，常见的有国家重要领导岗位的变动，领导人的出访或其他重大活动，重要科技成果的公布，重要军事行动等；二是向国内外发布法定事项。公告的使用往往会对国际、国内产生重要的政治影响。

（3）发文机关的特定性。要想同时满足以上两个条件，这对公告的发文机关也提出了较高的级别要求，往往是国家的高级权力机关、行政机关及其工作部门。例如：人大及其常委会，国务院及其所属部门，各省市、自治区、直辖市行政领导机关，某些法定机关，如税务局、海关、铁路局、人民银行、检察院、法院等。

在现实生活中存在着滥用公告的现象，把公告当作“通告”“启事”“声明”“广告”来使用，认为凡是公布性事项都用“公告”，这极大地影响了公告的文种庄重性。使用公告时一定要注意它的使用范围，不能随意扩大它的使用权限。

二、公告的种类

根据内容、性质、作用和发布机关的不同，公告可以分为国家重要事项公告和法定事项公告。

1. 国家重要事项公告

国家重要事项公告是宣布有关国家的政治、军事、经济、科技、教育、人事、外交等方面重要事项的公告。例如：新华社授权宣布中国将进行向太平洋发射运载火箭试验的公告。

2. 法定事项公告

法定事项公告是国家公布有关法律、法令和行政法规以及由司法机关依照法律有关规定发布重要事项的公告，它可以分为法定专门事项公告和法院公告。

三、公告的写作格式

1. 标题

公告标题主要有四种：

（1）由“发文机关＋事由＋文种”组成，例如《国务院关于坚决制止冲击铁路确保铁路运输安全畅通的公告》；

（2）由“发文机关名称＋文种”的构成形式，这是最常用的标题形式，例如《中华人民共和国财政部公告》《中华人民共和国卫生部公告》；

（3）“事由＋文种”的形式，例如《关于公民旁听市第十一届人大常委会第十二次会议的公告》；

（4）只写出公文文种名称，落款时写发文机关全称，加盖公章。

2．文号

公告的编号一般不采用正规的发文字号，而是采用纪年与顺序号相结合的形式标注在标题之下，例如“2019 年第 17 号”，人大公告号多采用此形式。还有部分公告没有发文字号。

3．正文

公告的正文一般包括开头、主体和结语三方面内容。

开头要求说明公告发布的依据、原因、目的。往往采用“根据或者依据×××文件，为了实现×××目的，现将有关事项公告如下”来开头。

主体要求明确写出要公布于众的事项，撰写这部分内容，首先要做到明确具体，需清楚说明受文对象应执行的事项，以便于理解和执行；其次要做到条理分明，层次清晰。如果内容较多，可以采用分条列项的方法；如果内容比较单一，也可采用贯通式书写。

结语一般用“现予公告”或“特此公告”等习惯用语书写，或自然作结以体现公告的精简和严谨性。

4．落款

分两行写在正文右下方，一行写发文机关名称并加盖公章，一行写发文时间，发文时间要用阿拉伯数字书写。如果发文机关名称已在标题中出现，在落款处也可省略。登报的公告也有把成文日期标注在标题下的括号内的情况。

【例文分析】

例文

财政部 税务总局 国务院扶贫办
关于企业扶贫捐赠所得税税前扣除政策的公告

财政部 税务总局 国务院扶贫办公告 2019 年第 49 号

为支持脱贫攻坚，现就企业扶贫捐赠支出的所得税税前扣除政策公告如下：

一、自 2019 年 1 月 1 日至 2022 年 12 月 31 日，企业通过公益性社会组织或者县级（含县级）以上人民政府及其组成部门和直属机构，用于目标脱贫地区的扶贫捐赠支出，准予在计算企业所得税应纳税所得额时据实扣除。在政策执行期限内，目标脱贫地区实现脱贫的，可继续适用上述政策。

评析

1．这是一则由财政部、国家税务总局、国务院扶贫办联合下发的公告。标题采用了“发文机关＋事由＋文种”的常用标题形式。

2．标题下标注了发文编号。

3．公告的开头首先说明发文的目的及公告的事项，并以“公告如下”的过渡语引起公

“目标脱贫地区”包括832个国家扶贫开发工作重点县、集中连片特困地区县(新疆阿克苏地区6县1市享受片区政策)和建档立卡贫困村。

二、企业同时发生扶贫捐赠支出和其他公益性捐赠支出，在计算公益性捐赠支出年度扣除限额时，符合上述条件的扶贫捐赠支出不计算在内。

三、企业在2015年1月1日至2018年12月31日期间已发生的符合上述条件的扶贫捐赠支出，尚未在计算企业所得税应纳税所得额时扣除的部分，可执行上述企业所得税政策。

特此公告。

财政部(盖章)　　税务总局(盖章)　　国务院扶贫办(盖章)

2019年4月2日

告的主体。主体部分采用分条列项的方式从三方面写出企业扶贫捐赠支出所得税税前扣除政策的适用时间、范围、扣除方法等的具体要求，条分缕析，层次分明。结尾以常用的“特此公告”作结，简洁严谨。

4. 落款完整，依次标注了联合发文的各机关及完整的年、月、日。

例文

×省教育厅关于2020年春季学期开学时间的公告

为做好2020年全省各级各类学校春季学期开学工作，经研究决定，现公告如下：

一、全省普通高中毕业年级学生4月23日统一开学。各普通高中学校按有关要求，安全、平稳、有序组织毕业年级学生开学返校，有效防控疫情。

二、初中学校毕业年级学生和中职学校毕业年级报名参加高考学生5月7日开学。

三、普通高中、初中、中职学校其他年级，小学，幼儿园，特殊教育学校开学时间另行安排。

四、高等学校开学时间按照教育部要求，视疫情形势另行安排。

五、正式开学前，大中小学校要按有关要求继续组织开展线上教育教学。

六、各级各类学校全部开学前，校外培训机构不得开展线下培训活动。

特此公告。

××省教育厅(盖章)

2020年4月9日

评析

1. 标题采用了“发文机关＋事由＋文种”的常用标题形式。

2. 正文开头交代了此则公告发文的目的，并以“现公告如下”的过渡语引起下文。主体部分分条对全省各类学校学生的开学时间及工作做出了具体安排。结尾以“特此公告”作结。

3. 落款由发文机关和完整的年、月、日构成，书写规范。

病文评析

广东运达有限公司网站因故推迟开放，为了告知大众，公司在媒体发布了一则公告。这样合适吗？应该怎样做才对？

病文

公　告

尊敬的客户：

本公司网站原定于2018年1月1日正式对外开放，由于计划推翻重做，耽误了开放日期，敬请广大客户谅解！

我们会秉承公司一贯严谨的态度，为广大客户献上更优质的产品和服务！我们会把我们最好的展现给广大客户！

网站即将开放，敬请期待！

广东运达有限公司

2018年3月5日

评析

1. 文种使用不当。公告适用于向国内外发布重要事项或法定事项，对公告的发文机关有着特殊要求。广东运达有限公司作为一家企业，没有发布公告的权限，可以采用通知的文体行文。标题应改为“通知”。

2. 落款应加盖公章。

实训拓展

下面是出现在××市报纸公告栏里的一则信息，请根据所学公告知识，判定一下该消息的公布采用公告文体是否正确？

关于为××市仁和孤儿院捐助冬衣的公告

时间：即日起至月底

地点：××市仁和孤儿院

内容：最近一年××市仁和孤儿院院内收入儿童较多，资金缺口较大，造成孤儿院院内儿童冬衣匮乏，望各方爱心人士积极伸出援手，帮孤儿院儿童度过这个寒冷的冬天。

××市仁和孤儿院

2019年11月1日

第五节　通　　告

知识目标

（1）掌握通告的概念、分类、结构及格式。

（2）掌握通告与公告的联系与区别，能够根据具体工作任务选择合适的文体。

能力目标

（1）学会通告的写作方法。

（2）能够根据所学通告文体知识修改病文。

一、通告的定义

通告是在一定范围内向社会各有关方面公布应当遵守或者周知事项时采用的公文文种。通告适用于党和国家机关、人民团体以及企事业单位。

二、通告与公告的联系与区别

1. 联系

通告和公告都具有晓谕性和公布性，都属于公开性文件。

2. 区别

（1）内容的重要程度不同。公告是用来发布重要事项或法定事项的。涉及内容多是国家大事或省市级的行政大事，或者履行法律规定必须遵循的程序，所及内容重大而且多能引起广泛关注。通告是用来发布在一定范围内需要遵守或周知的事项的，它所涉及的事项一般没有公告那么重大。

（2）使用的权限不同。公告是一种高级别的文体，通常是党和国家高级领导机关以及行政机关及其部门宣布涉及全局性的重大事项或法定事项时才用，新华社可根据授权发布公告。而通告则适用于各级行政机关和企事业单位。

（3）发布的范围不同。公告面向国内外的广大读者、听众，发布范围广。通告多是限定在一个特定范围内的有关单位和人员，指向一个特定的人群，发布范围相对较窄。

（4）发布的方式不同。公告的发布方式一般不张贴，可以通过通讯社、电台或报刊刊登，一般不用红头文件的方式下发。而通告可以在新闻媒体上刊登，也可以用红头文件的形式下发，还可以公开张贴。

三、通告的种类

通告可分为法规性通告和知照性通告两种类型。

（1）法规性通告具有政策性和法律性，要求有关人员必须遵照执行。例如《××市人民政府关于坚决清理非法占道经营的通告》，为改善交通环境和市容环境，做出了6项规定，要求市民必须严格遵守。

（2）知照性通告主要是为了让相关方面知道、了解信息，起到通知事项的作用。例如《××市××区段因整修停电的通告》就是起到通知××区段市民的作用。

四、通告的写作格式

通告由标题、发文字号、正文和落款四部分组成。

1. 标题

通告的标题根据包含要素的多少可以分为两类：要素完整的完整式标题和省略某种要素的省略式标题。

完整式标题是由发文机关名称、事由和文种构成的，例如《××省无线电管理委员会办公室关于清理整顿无线电通信秩序的通告》。

省略式标题主要有以下三种：第一种是由发文机关和文种构成，例如《××市税务局通告》；第二种是事由加文种构成，例如《关于调整商品房契税征收环节的通告》；第三种是只用文种“通告”作标题。

2. 发文字号

通告的发文字号不像一般公文那样只用常规方式，在实践中有多种情况并存。

如果是政府发布通告，要有正规的发文字号，例如《××市人民政府关于坚决清理非法占道经营的通告》，其发文字号为市政告〔1997〕6号。

如果是某一行业管理部门发布通告，则可采用“第×号”的形式公布，标示在标题下方正中位置。

一些基层企事业单位发布的通告也可以没有发文字号。

3. 正文

通告的正文从结构上主要包括开头、主体和结尾三部分。

(1) 开头主要阐明通告的缘由，即通告发布的原因(或背景)、目的和依据。这部分的写作要注意提出的根据要充分，目的要明确，为下文提出的应该遵守或执行的事项奠定基础。

(2) 主体要求具体明确地写出通告的内容、通告事项的要求和实施措施。这一部分的写作要注意通俗易懂，便于群众理解和支持。如果通告的内容较复杂，还应分条书写，做到条理清晰。

(3) 结尾可以提出希望、要求，或用“特此通告”这一习惯用语作结。

4. 落款

应写明发文机关名称和发文时间。在标题中有发文机关名称的，落款也可省略。

【例文分析】

例文	评析
湖北省新型冠状病毒感染肺炎疫情防控指挥部通告 经中央批准，从4月8日零时起，武汉市解除离汉通道管控措施。为持续抓好疫情常态化防控，有序恢复生产生活秩序，根据《中华人民共和国突发事件应对法》《中华人民共和国传染病防治法》和湖北省重大突发公共卫生事件Ⅰ级响应机制等有关规定，现就解除离汉通道管控有关事项通告如下： 一、从4月8日零时起，撤除武汉市交通管控卡口，有序恢复铁路、民航、水运、公路、城市公交运行。各交通运输单位要落实落细疫情防控措施，加强交通运输从业人员安全防护，确保交通组织安全有序。 二、各地要继续强化小区管控，严格进出人员管理，实行身份必问、信息必录、体温必测、口罩必戴，守好社区一线防控阵地。 三、各类公共场所要切实承担疫情防控主体责任，商超、公园、医院等已开放场所要严格实施体温检测、登记进出、流量控制，防止聚集性交叉感染。电影院、剧院、娱乐场所等继续严格执行负面清单管理。	1. 这是一则知照性通告。标题采用了“发文机关＋通告”的结构。 2. 正文开头简明交代了通告的内容、目的和依据，并以“现就解除离汉通道管控有关事项通告如下”引起下文。 3. 正文主体采用分条列款的方式就解除离汉通道管控相关工作做出具体安排。结尾提出总的要求。

四、省内大专院校、中小学、中职学校、技工院校、幼儿园等继续延期开学。具体开学时间根据疫情防控情况，经科学评估后确定。 五、广大居民要切实增强防疫意识，做好居家环境卫生，非必要不出小区、不出市、不出省，尽量减少出行，不参加聚集性活动，出入公共场所要佩戴口罩。国家机关工作人员非必要不出差。各类人员凭湖北健康码"绿码"安全有序流动。进京人员按照首都严格进京管理联防联控协调机制相关要求办理。 六、各地要坚持零新增不等于零风险、解除通道管控不等于解除防控措施、打开城门不等于打开家门，坚持Ⅰ级响应防控措施，坚持党委、政府主要负责同志担任指挥长的防控体制，慎终如始做好疫情防控工作，加快恢复经济社会秩序，确保湖北保卫战、武汉保卫战全面彻底胜利。 湖北省新型冠状病毒感染肺炎疫情防控指挥部（盖章） 2020 年 4 月 7 日	4. 落款由发文机关和发文时间组成。发文时间用阿拉伯数字书写，格式完整，书写规范。

例文	评析
关于 ×× 路线改造工程交通管制的通告 为配合 ×× 路线道路改造工程的顺利进行保障施工期间的道路交通安全，根据《中华人民共和国道路交通安全法》及《中华人民共和国道路交通安全法实施条例》的有关规定，决定对××路段实行交通管制，现将有关事项通告如下： 一、管制时间 自 2016 年 6 月 1 日起至 2016 年 9 月 1 日止，每天 0 时至 24 时。 二、管制内容 （一）管制期间××路段实行自西向东单向行驶。自东向西的车辆请绕行××线路。 （二）管制期间部分公交车站位置将因施工需要改变停靠地点，届时请注意交通标志及临时公交站站牌引导。 施工期间带来的交通不便请广大市民给予理解和支持，并请驾驶人、行人自觉遵守交通法规，按照道路交通指示标志绕道行驶，服从交通民警和现场管制人员的指挥，确保道路交通安全、顺畅。 ×× 市公安局公安交通管理局（盖章） 2016 年 5 月 20 日	1. 这是一则法规性通告。标题采用"事由 + 文种"的结构。 2. 开头用简洁的语言交代了通告的目的、依据和事项，并以"现将有关事项通告如下"的过渡语引起正文。 3. 正文采用分条的形式逐一对管制时间和管制内容进行交代。 4. 结尾对市民提出了希望和要求。 5. 落款写发文机关和发文时间。发文时间用阿拉伯数字书写，格式完整规范。

实训拓展

1. ××市人民政府根据《中华人民共和国人民防空法》的规定，接到省级指示，将在3月1日上午9点半到10点半进行防空警报试鸣活动，试鸣共三次。请代××市人民政府书写一则通告。要求通告标题采用完整式标题，通告时间为2018年2月27日。

2. ××街区××路段因水管维修，将在4月2日8：00到17：00停水，自来水公司要告知居民。请代自来水公司拟写一则合适的公文。

第六节　请　　示

知识目标

（1）掌握请示的概念、作用、特点、分类、结构及格式。

（2）掌握请示与报告的联系与区别，能够根据具体工作任务选择合适的文体。

能力目标

（1）学会请示的写作方法。

（2）能够根据所学请示文体知识修改病文。

一、请示的定义

请示是下级机关向上级机关请求指示、帮助或批准事项时使用的公文，属于典型的上行文。请示的应用范围广泛，既适用于党政机关也适用于企事业单位，具体来说，主要适用于以下几种情况：

（1）对有关方针政策、法律法规或规章不够明确或有不同理解，需要上级给予明确指示。

（2）因特殊情况原规定难以执行需要变通时，需要上级给予指示。

（3）工作中遇到新情况、新问题，自身难以解决时，需要上级给予指示。

（4）遇到超出本单位权限的事项，需要请示上级。

（5）按照规定需要上级批准方可办理的事项。

（6）在工作中遇到需要多个部门或地区共同处理的事项时，如本部门无法协调或解决，需要上级给予指示。

二、请示的作用

请示是下级与上级进行沟通、协调的重要文体，有助于沟通上下级联系。下级通过请示能迅速地把在工作中遇到的新问题以及困难反映给上级，上级也能通过批示下级所反映的问题，帮助下级及时解决所面临的困难，更好地推进工作。

三、请示的特点

（1）针对性。请示的行文具有很强的针对性。必须是针对本机关无法决定、没有把握、没有能力或没有权限解决的重大事项，才可以用“请示”行文。

（2）期复性。请示是公文中具有双向对应的文体，与它相对应的是批复。下级有一份请示报上去，上级就会有一份批复发下来。无论上级对下级呈报的请示事项同意与否，都必须给予明确的批复回文。

（3）单一性。所谓单一性，是指“一文一事”，即在一份请示中只能就一项工作或一个问题、一种情况做出请示，不得在一份公文中就若干事项请求指示和批准。如果确有多个问题需要请示时，可以分开写多个请示。

（4）时效性。请示是针对本单位当前工作中出现的新情况和新问题，都有一定的迫切性，应该及时写作，及时发出。同样，上级机关在处理请示时也应及时批复，以便问题得到及时解决。

四、请示的种类

根据内容、性质的不同，请示分为请求指示的请示、请求批准的请示和请求支持帮助的请示。

1. 请求指示的请示

请求指示的请示是下级机关对某些方针政策、法律法规或规章不够明确或理解有分歧时，或遇到特殊情况，原规定难以执行需要变通处理时所采用的请示文种。

2. 请求批准的请示

请求批准的请示主要适用于以下两种情况：

（1）下级机关遇到按规定无权办理的事项，需要上级批准时采用的请示。

（2）遇到具体问题请求上级同意自己的提议时采用的请示。

3. 请求支持、帮助的请示

下级机关在开展工作中，在人、财、物方面遇到困难，需要向上级机关寻求支持或帮助时采用的请示。

五、写作格式

请示由标题、主送机关、正文和落款四部分组成。

1. 标题

请示的标题一般有两种构成形式：

（1）由“发文机关名称＋事由＋文种”构成，如《××省人民政府关于增拨抢险帐篷的请示》；

（2）由“事由＋文种”构成，如《关于筹建宿舍楼的请示》。

2. 主送机关

请示的主送机关是指负责受理和答复该文件的机关。请示在确定主送机关时应注意以下问题：

（1）请示一般只写一个主送机关，不能多头请示。如需同时送其他机关的，应当用抄送的形式。例如受双重领导，则一个为主送，另一个为抄送，由主送机关负责批示。抄送时注意不能抄送下级机关。

（2）请示主送的是上级机关不能是某个人。国务院办公厅的规定是“除上级机关负责人直接交办的事项外，不得以机关名义向上级机关负责人报送请示。”中央办公厅的规定是“不应直接送领导者个人。”

（3）不得越级请示。请示要切实遵循隶属关系的行文规定，逐级进行请示。如遇特殊情况必须越级行文时，应同时抄送直接领导机关。

3. 正文

正文一般由开头、主体和结语三部分组成。

（1）开头：主要交代请示的缘由，它是请示事项能否成立的前提条件，也是上级机关批复的主要依据。一般是交代请示事项或问题的原因、背景、理由。这一部分的写作应注意交代事实要客观、具体；阐述理由要合理、充分。缘由表达完毕后，一般采用“现将有关事宜请示如下”或“为此特提出如下请求”等过渡语引出下文。

（2）主体：主要说明请求事项，它是向上级机关提出的具体请求。应当围绕所请示的事项把问题讲清楚，如果内容复杂可以采用分条列举的方式。此外，应注意请示的工作或事项要符合国家的大政方针政策，不违背领导的指示精神，符合当前的社会发展趋势。请示的内容必须符合“一文一事”。请示如果涉及资金、物品等事项时，一定要准确说明数量、规格等要素，以便上级机关给予明确批复。需要注意的是，在写请示事项时语气必须谦恭，不能采用决定的口吻，只能写“拟办……”，不能写“决定办……”。

（3）结语：应另起一段，往往采用习惯用语，例如“当否，请批示”“妥否，请批复”“以上请示如无不妥，请批转各地区、各部门执行”，等等。

4. 落款

落款包括发文机关和发文时间。标题写明发文机关的，这里可不再署名。无论是否署名都需加盖单位公章。发文时间应用阿拉伯数字书写，年、月、日完整，月、日不编虚位。

例文评析

例文	评析
××镇人民政府关于启动污水处理设施建设工程的请示 市政府： ××镇是我市西部重点乡镇，辖 24 个行政村，总面积 102 平方公里，总人口约 4.8 万人。近年来，随着我镇经济不断发展，人口不断增长，污水排放量日益增加，大量的工业废水和生活污水不能有效处理，迫切需要建设污水处理设施。同时，根据省委、省政府下达的环境保护督查整改任务，按照市政府和相关部门要求，2018 年底××镇污水处理设施必须全部完成。经前期调研、测算，工程建设情况如下： 一、污水集中治理范围。中心镇区的阳邑××西街、××北街、××东街、第四中学。共涉及 12000 余人。 二、工程预算。根据集中处理范围和人口数量测算，污水处理总规模为 1200 立方米/天，投资 1000 余万元，选址位于××钢铁公司中板厂厂区内东南角。中心镇区需建设污水主干管网约 19900 米，投资 995 余万元。污水处理厂和配套管网建设投资	1. 这是一则由××镇人民政府向市政府递交的请示。标题采用了“发文机关＋事由＋文种”的形式，主送机关为市政府。 2. 正文开头交代请示的缘由（背景），即建设污水处理设施的迫切性。请示的事项为请求尽快启动阳邑污水处理设施建设工程的财政评审。 3. 由于涉及财政评审，请示的主体分条

合计1995余万元。 为此，特申请启动××污水处理设施建设工程，尽快进行财政评审。 妥否，请批示。 （联系人：李×× 151×××××××××） ××镇人民政府（盖章） 2018年9月3日	汇报了工程的治理范围以及工程预算，请示理由充分具体。 4. 公文落款包括发文机关和发文时间。发文时间依据新规采用了阿拉伯数字，书写规范。

病文评析

病文	评析
计算机系关于申请机房改造经费的请示 院办公室： 由于我校机房设施已使用多年，机器已呈现老化状态，为更好地配合教学工作，校方决定对原有计算机房利用假期进行升级调整。 一、施工时间：2018年7月15日～2018年8月15日。 二、施工地点：计算机系机房。 三、参加人员：基建处处长、施工总监、工程师李云，专家刘敏。 四、经费预算：采购新设备、施工方费用、机房升级费用预算为30万元，请学院予以拨款。 以上请示妥否，请批复。 联系人：赵丹 联系电话：130122111×× 附件：机房改造各项经费预算清单 计算机系（盖章） 二〇一八年六月十日	1. 请示缘由交代不清楚。这是一篇计算机系向学校申请给予机房改造经费支持的申请。开头需要讲清楚申请经费的缘由，也就是为什么要改造机房，这是学校批复经费的依据，必须给出充分、具体的理由。文中交代的不是很清楚，不能用“使用多年”这样的模糊语言来表达，应该明确使用了多少年，存在什么问题，对教学工作造成了什么影响。 2. 正文要交代清楚申请事项，对应这则请示应交代清楚申请经费的具体数额30万元以及为什么要申请30万元的经费。这里可以详细列出各项预算的具体数额。 3. 结语应提出希望学院及时批复。 4. 请示应遵循一文一事，此文的请示还涉及一文多事。施工的时间、地点、参加人员属于后续工作，不适宜作为申请经费时的请示事项，应略去。 5. 落款时间应用阿拉伯数字书写。

知识链接

请示与报告的同与异

请示与报告既有相同之处又有区别。

1. 相同之处

(1) 请示与报告都属于上行文，在公文写作中都需要向上级反映情况。

(2) 请示与报告在行文时都需要用具体事实说话，不能言过其实，弄虚作假。

2. 区别

(1) 行文的时间先后有别。请示在问题发生或处理之前行文，报告在事情发生或做完后，即事中或事后行文。

(2) 行文目的与答复方式不同。请示是向上级请求批准、指导，上级机关接到请示不管同意与否都要给予明确的答复。报告主要用于下级向上级汇报工作、反映情况、回复上级机关询问，报告并不要求上级回复。

(3) 行文内容不同。请示内容单一，要求"一文一事"，必须提出明确的请求事项。报告内容宽泛，可一文一事，也可多方反映情况。

实训拓展

1. 我学院由于今年扩大招生规模，今年比去年多招收了800名学生，现有的学生宿舍楼无法满足学生的住宿需求，学院拟将东边车棚所在区域改建为四层学生宿舍，预计需要经费1000万元，由学校自己统筹。请代表学校向上级写一则请示。要求采用"事由＋文种"的标题形式，请示的缘由要充分具体，请示的结语采用惯用语，日期自拟。

2. ××县工商行政管理局，经考试录用了8名合同制市场管理人员，现正在接受培训，预计今年8月份正式上岗，但这些合同制市场管理人员的着装经费问题，不知如何解决，请代该县工商行政管理局向市工商行政管理局写一篇请示。

第七节 批　　复

知识目标

掌握批复的概念、特点、分类、结构及格式。

能力目标

(1) 学会审批性批复和指示性批复的写作方法。

(2) 能够根据所学批复公文文体知识修改病文。

一、批复的定义

批复是上级机关用于答复下级机关请示事项时使用的回复性公文。批复是针对请示而发的，下级机关有请示，上级机关就要用到批复这种公文。

二、批复的特点

（1）针对性。批复必须针对下级机关的请示事项而发，不涉及请示事项以外的内容。内容单纯，针对性强。

（2）指示性。批复的目的是指导下级机关工作，因此上级机关对下级机关的请求事项无论同意与否，都必须有针对性地明确予以回答，而且如果同意还应当概括地说明方针、政策以及执行中的注意事项。

（3）权威性。批复提出的处理意见和办法，代表上级机关对问题的决策意见，对下级机关具有行政约束力，特别是对一些重要事项或问题的批复，常常具有法规作用，所以批复一经下发，下级机关必须遵照执行。

三、批复的种类

根据内容、性质的不同，批复可分为审批性批复和指示性批复两类。

1. 审批性批复

审批性批复主要是针对下级机关请示的具体事宜，经审核后做出同意与否的表态性答复。例如，针对下级机关请示的关于机构设置、人事安排、项目设立、资金划拨等事项做出同意与否的答复。

2. 指示性批复

指示性批复是在审批某一问题的同时还要就此问题提出一系列相关的指示，要求下级照此执行，一般篇幅较长。

四、批复的写作格式

批复由标题、主送机关、正文、落款和成文日期组成。

1. 标题

批复的标题有多种构成形式：

（1）由“发文机关名称＋批复事项＋行文对象＋文种”构成，如《国务院关于同意××省设立××市给××省人民政府的批复》；

（2）由“发文机关名称＋事由＋文种”构成，如《国务院关于1991—2000年全国治沙工程规划要点的批复》；

（3）由“事由＋文种”构成，例如《关于××学校成立老干部办公室的批复》；

（4）由“发文机关名称＋原件标题＋文种构成”，例如《国家税务总局〈关于企业贷款支付利息税前扣除标准问题的请示〉的批复》。

批复事由的写法大致有两种，一种用表示关联范围的介词“关于”加上请示或批复的事项来表述，例如《石油工业部关于××石油管理局提前退休工种的批复》；另一种是在“关于”和请示或批复事项中间插入一个表态动词“同意”来表述，例如《国务院关于同意开放××航空口岸的批复》。

2. 主送机关

批复的主送机关是指向本机关发出请示的机关，往往是自己的直属下级机关。

3. 正文

(1) 开头：通过引述来文以说明批复缘由。首先点明批复的下级机关并写明来文日期、标题和发文字号，以交代批复的依据。往往用“你”加上发文单位的简称来表述，例如你局、你公司、等等，后面引上发文机关请示的标题及发文字号，然后写收悉。例如《关于中国石油天然气运输公司设立××调度中心的批复》的开头就是这样写的：“你公司《关于将运输公司××中心纳入集团公司在京单位统一管理的请示》(油运人劳字〔2007〕51 号)收悉”。并用“经××研究，批复如下”等过渡语引出批复的主体。

(2) 主体：主要说明批复事项。应当根据国家的方针、政策、法令、法规和实际情况，针对“请示”的内容给予明确的肯定或否定的答复或具体的指示。

批复的意见一般分三种：完全同意、完全不同意、部分同意。意见不同，写法也不同。具体而言：

① 完全同意的批复可以只表明态度，不写理由。一般用“经××研究，同意你公司或单位××的请示事项”。

② 完全不同意的批复，除表明态度外还要讲明不同意的理由和依据，以便下级理解和接受。

③ 部分同意的批复要先写明同意的部分，再写不同意的部分及其原因。如“经研究同意更换 8 台计算机设备，但囿于经费有限，暂时不同意全部更换。”

(3) 结语：其写法一般有三种。

① 正文下另起一行写 “此复”或“特此批复”等习惯用语。

② 在批复事项后面概括提出希望和要求，进一步强调批复的主旨。

③ 请示事项答复完毕自然作结。

4. 落款和成文日期

落款包括发文机关和发文时间，并加盖公章。这部分写在批复正文右下方，发文机关用全称或规范化简称。成文日期在发文机关下另起一行用阿拉伯数字书写，要求年、月、日齐全。

五、批复的写作要求

1. 批复要及时

批复是因下级机关的请示而行文，下级机关只有遇到事关重要而又无法自己决断的问题时才会请示。所以上级机关应当及时批复，及时给予下级机关指示和帮助，否则就会贻误工作，甚至会造成重大损失。

2. 批复要审慎

批复之前要先核实请示缘由的真实性，研究请示所提意见或建议的可行性，有时还要先做调查研究。

3. 观点要明确

无论审批性批复还是指示性批复，上级机关的态度要明朗，或同意或不同意，哪部分同意哪部分不同意必须讲清楚，不能模棱两可。

【例文分析】

例文	评析
××市教育局关于同意××学校举办“第一届大学生艺术节”的批复 市教字〔2018〕80号 ××学校： 关于你校申请举办“第一届大学生艺术节”的请示收悉。经市教育局研究讨论，同意你校在2018年5月10日～5月13日举办艺术节，具体工作由你校有关部门组织实施。 ××市教育局(盖章) 2018年4月7日	1. 标题采用“发文机关+同意+事由+文种”的结构形式。 2. 由于是正式发文，在标题下还书写了发文字号。 3. 正文开头首先引述批复的缘由，主体部分表达出明确的批复意见，并提出具体的工作要求。 4. 落款和成文日期规范完整。

病文评析

病文	评析
关于×× 公司修建新办公大楼请示的批复 ×× 公司： 有关请示已悉。关于修建新办公大楼一事，经研究决定，还是以不建为宜。此复。 ×× 总公司(印章) 二〇一八年六月十二日	1. 批复的正文开头应交代清楚批复的缘由，即应交代清是对哪个文件的批复，不能简单说“有关请示”。 2. 完全不同意的批复应向下级讲明不同意的理由和根据，针对此批复应讲清不同意修建新办公楼的缘由。 3. “此复”应另起一行。 4. 落款的时间应改为阿拉伯数字。

实训拓展

1. 根据正文中《关于×× 公司修建新办公大楼请示的批复》给出的修改意见，完成该批复的修改。

2. 针对上节实训中《××县行政管理局呈报的请示》，请你以××市行政管理局的名义进行批复。

第八节　决　　定

知识目标

（1）掌握决定的概念、特点、分类、结构及格式。

（2）掌握决定文体的使用范围。

能力目标

（1）掌握奖惩性决定的写作方法。

（2）能够根据所学决定文体知识修改病文。

一、决定的定义

决定是“适用于对重要事项或重大行动做出安排，奖惩有关单位及人员，变更或撤销下级机关不适当的决定事项”时使用的公文文种。

具体而言，决定的适用范围主要有以下几种：

（1）适用于安排那些涉及全局性的，要求下级机关和人员绝对服从和严格贯彻执行的重要事项或行动，例如重要的规章制度的颁布实施、宣布国家机构的设置、作出人事安排的决定等。

（2）适用于对有突出贡献的下级单位及人员进行表彰。

（3）适用于对发生重大事故或做出重大违纪的单位及人员进行处罚。

（4）适用于变更或撤销下级机关那些虽已颁布但并不适当的文件。

二、决定的特点

1. 制约性

决定是上级机关针对所辖范围内的重要事项或重大行动经过认真研究后所做的安排。决定一经发布就要求下级机关无条件贯彻执行，对下级机关具有很强的制约性。

2. 指导性

决定在对重要事项或重大行动做出决策时，同时会提出工作任务、具体措施和实施方案，要求下级机关遵照执行，对下级的工作具有指导性。

5. 全局性

决定所涉及的事项或解决的问题往往具有全局性的意义，例如《国务院关于全面推进依法行政的决定》。公文一旦颁布，就要求全国上下结合当地实际全面推进，依法执行。

三、决定的种类

1. 宣布法规政策的决定

决定用于宣布建立、修改某项法规，例如《国务院关于取消一批行政许可事项的决定》。

2. 部署重要事项或重大行动的决定

此类决定所涉及的事项由于事关全局，往往具有决策性质。例如《中共中央关于全面深化改革若干重大问题的决定》。一般在决定里应阐述基本原则，提出工作任务、实施方案、具体措施及实施要求。

3. 奖惩性决定

奖惩性决定或用于对有突出贡献的单位及个人进行表彰，或用于对发生重大事故、做出重大违纪的单位或人员进行处罚。例如《关于表彰2015年度参政议政积极分子的决定》。奖惩性决定与用于奖惩的命令和通报在功能上是相似的，写法上也较接近。它们的区别在于层次规格不同，一般性的奖惩或基层单位的奖惩用通报，全局性的奖惩用决定，更高规格的奖惩用命令。

四、决定的写作格式

决定一般由标题、主送单位、正文、落款四部分组成。

1. 标题

决定的标题由"发文机关名称＋事由＋文种"构成，在决定事由前一般用"关于"连接。如《中共中央国务院关于表彰改革开放杰出贡献人员的决定》。如果该决定是由会议讨论通过的，则还应在标题下面居中标明"××××年×月×日×××会议通过"字样，并用括号括住。例如《中共中央关于全面深化改革若干重大问题的决定》标题下方居中标明了会议通过的时间，即"（2013年11月12日中国共产党第十八届中央委员会第三次全体会议通过）"。

2. 主送单位

决定为下行文，主送单位可以为一个或多个。写作时应注意写明全称或规范化简称，也可写统称，例如"各有关单位："，普发性的下行文可以省略主送单位。

3. 正文

正文的结构一般由开头、主体和结束语三部分组成。

正文的开头一般要简明扼要地介绍发文的背景、依据以及发文的目的、意义。例如，《中共中央国务院关于表彰改革开放杰出贡献人员的决定》的开头就交代了改革开放的背景，原文如下：

"今年是我国改革开放40周年。1978年12月，党的十一届三中全会做出把党和国家工作中心转移到经济建设上来，施行改革开放的历史性决策，动员全党、全国各族人民为社会主义现代化建设进行新的长征。这是新中国成立以来我们党和国家历史上具有深远意义的伟大转折，是决定当代中国命运的关键抉择。40年来，我们党团结带领人民、艰苦奋斗、顽强拼搏，坚决破除阻碍国家和民族发展的思想束缚和体制障碍，开辟了中国道路，释放了中国活力，凝聚了中国力量，实现了从赶上时代到引领时代的伟大跨越，书写了国家和民族发展的壮丽史诗，党的面貌、国家的面貌、人民的面貌、军队的面貌、中华民族的面貌发生了前所未有的变化。我国改革开放的伟大创举，也深刻影响了世界，为世界各国带来巨大机遇。党的十八大以来，以习近平同志为核心的党中央以巨大的政治勇气和强烈的责任担当，全面深化改革，扩大对外开放，党和国家事业取得历史性成就、发生历史性变革，推动中国特色社会主义进入新时代，掀开了改革开放新的历史篇章，中华民族正以更加崭新的姿态屹立于世界东方。”

正文的主体一般介绍决定的具体事项，通常包括具体实施的原则、步骤、方法等，为使复杂的决定事项写得条理分明、眉目清楚，便于下级机关把握和执行，可以采取分条列项的写法。奖惩性决定一般应写明事实及组织处理结果。具体而言，表彰性决定的正文，主要写清被表彰者的身份、事迹以及对被表彰者做出表彰的决定。处罚性决定针对人和事，先要把错误的事实说明，并分析其性质、根源、责任及后果，然后写明被处理人对所犯错误有无认识和悔改表现，再写处理决定。

结束语，决定往往在结尾提出希望、号召和要求。有的决定把施行日期作为最后一项内容写在条文里。例如“本决定自公布之日起施行”。

4. 落款

落款包括发文机关和成文日期。发文机关名称写在正文右下方，采用全称或规范化简称，正式制发文件还应加盖印章。如果标题已有发文机关名称，落款处则一般不再写发文机关名称。成文日期在发文机关下一行，用阿拉伯数字注明，要求年、月、日齐全。如为会议通过一般置于标题下方，用小括号括起来，注明“××××年×月×日×××会议通过”。

有的决定，通过的日期与发布的日期不一致，在小括号内还要写上何时发布；有的决定，执行日期与发布日期不一致，还要同时写上决定的生效日期。

五、决定的写作注意事项

（1）文种要使用正确，避免与命令、通报等文体混淆。

（2）决定一旦发文，就要求下级机关无条件执行，因此决定的事项要具有可操作性，便于下级机关遵照执行。

【例文分析】

例文	评析
国务院关于2018年度国家科学技术奖励的决定 国发〔2018〕44号 各省、自治区、直辖市人民政府，国务院各部委、各直属机构： 为深入贯彻落实习近平新时代中国特色社会主义思想，全面贯彻党的十九大和十九届二中、三中全会精神，坚定实施科教兴国战略、人才强国战略和创新驱动发展战略，国务院决定，对为我国科学技术进步、经济社会发展、国防现代化建设做出突出贡献的科学技术人员和组织给予奖励。	1. 这是一篇表彰性决定，决定的标题由“发文机关＋事由＋文种”构成。 2. 由于是正式行文，标题下方标注了发文字号。 3. 主送机关为多个，采用了规范化统称。

<table>
<tr><td>

根据《国家科学技术奖励条例》的规定，经国家科学技术奖励评审委员会评审、国家科学技术奖励委员会审定和科技部审核，国务院批准并报请国家主席习近平签署，授予刘永坦院士、钱七虎院士国家最高科学技术奖；国务院批准，授予“量子反常霍尔效应的实验发现”国家自然科学奖一等奖，授予“黄瓜基因组和重要农艺性状基因研究”等 37 项成果国家自然科学奖二等奖，授予“云端融合系统的资源反射机制及高效互操作技术”等 4 项成果国家技术发明奖一等奖，授予“小麦与冰草属间远缘杂交技术及其新种质创制”等 63 项成果国家技术发明奖二等奖，授予“水下发射固体运载火箭系统研制”等 2 项成果国家科学技术进步奖特等奖，授予“凹陷区砾岩油藏勘探理论技术与玛湖特大型油田发现”等 23 项成果国家科学技术进步奖一等奖，授予“主要蔬菜卵菌病害关键防控技术研究与应用”等 148 项成果国家科学技术进步奖二等奖，授予简·迪安·米勒教授等 5 名外国专家中华人民共和国国际科学技术合作奖。

全国科学技术工作者要向刘永坦院士、钱七虎院士及全体获奖者学习，不忘初心、牢记使命，继续发扬科学报国的光荣传统和追求真理、勇攀高峰的科学精神，以实现国家富强、民族振兴、人民幸福为己任，深入实施创新驱动发展战略，坚定不移走中国特色自主创新道路，着力实现原始创新重大突破，攻克关键核心技术，破解创新发展难题，为加快建设创新型国家、建设世界科技强国，决胜全面建成小康社会、夺取新时代中国特色社会主义伟大胜利、实现中华民族伟大复兴的中国梦做出新的更大贡献。

国务院（盖章）

2018 年 12 月 28 日

</td><td>

4. 决定的正文开头介绍了发文的目的，正文主体阐明了决定的依据及决定表彰的具体事项。决定的结尾提出希望及要求。

5. 落款包括发文机关和发文时间，发文时间用完整的阿拉伯数字标出，结构完整规范。

</td></tr>
</table>

病文评析

以下处罚决定在内容方面存在诸多不妥，请根据所学知识进行修改。

<table>
<tr><th>病文</th><th>评析</th></tr>
<tr><td>

关于对甲足球俱乐部队的处罚决定

各赛区委员会、各足球俱乐部：

2019 年 8 月 3 日，2019××足球协会超级联赛第 19 轮第 151 场，乙足球俱乐部精英队与甲足球俱乐部队的比赛在××市奥体中心进行。

根据比赛监督的报告，甲足球俱乐部队未安排首发队员参加赛前一天召开的新闻发布会，违反了××足球协会相关规定。现对其做出如下处罚：

</td><td>

1. 标题处罚决定的事由不明确，根据文章内容看应为违规违纪的处罚决定。

2. 正文对足球俱乐部做出处罚应交代清楚处罚依据，否则难以令人信服。正文只交代

</td></tr>
</table>

一、对甲足球俱乐部队通报批评； 二、罚款人民币 25000 元。 望各俱乐部切实加强对运动员、官员的管理教育，净化赛场风气，自觉维护赛场秩序，杜绝发生各类违规违纪行为，确保本年度联赛顺利有序进行。 ××足球协会纪律委员会(盖章) 主任：刘×× 2019 年 9 月 7 日	了甲足球俱乐部违反了中国足球协会的相关规定，并未明确指出具体条款。处罚决定罚款的依据及罚款如何处理也未明确。 3. 决定发布时间不合理。处罚决定的时间距离事件发生时间过长，处罚不及时。

实训拓展

1. 请根据文中《关于对甲足球俱乐部的处罚决定》的材料及修改意见，完善该篇处罚决定。

2. 请代中共××市委教育工委、××市教育局书写一份面向各县(市、区)教育局(文教体局)、市直学校(幼儿园)、机关处室、直属事业单位发出的表彰决定，用于表彰在2018年度考核中表现突出的单位和个人，表彰决定授予这些单位"先进单位"称号、授予这些人员"先进个人"的荣誉称号。写作要求：结尾要发出号召，先进单位和先进个人名单自拟，时间自拟。

第九节　函

知识目标

了解函的文体含义和适用范围。

能力目标

(1) 掌握公文函的结构与写法。

(2) 学会写去函与复函。

一、函的定义

根据《党政机关公文处理工作条例》规定：函适用于不相隶属机关之间商洽工作、询问和答复问题、请求批准和答复审批事项。这里的"不相隶属机关"既可以是同一系统内部的平级机关，也可以是双方在行政或组织上没有领导与被领导的关系、业务上没有指导与被指导关系的分处不同系统内部的机关。函是公文中常见的平行文，适用范围广泛，具体而言，函的使用范围主要有：

(1) 平级机关或不相隶属机关单位之间进行商洽性、询问性和答复性公务联系时使用。

(2) 向无隶属关系的业务主管部门请求批准有关事项。例如，河北省人民政府办公厅想为系统增加2名工人技师聘任指标，按规定须经省人事厅批准，但两个机关没有隶属关系，应该以函行文《河北省人民政府办公厅关于申请增加工人技师岗位聘任指标的函》。

（3）业务主管部门向无隶属关系的机关答复或审批请示批准的事项时使用。

（4）机关单位对个人进行公务联系，如答复群众来信等。

二、函的作用

在公文处理中，函可用于不相隶属机关之间相互洽谈工作、询问和答复问题。函为这些没有隶属关系的社会机构以及企事业单位之间的沟通联络架起了桥梁。

函还可用于向不具备隶属关系的业务主管部门请求批准的功能，发挥了请示的作用。事实上，现实生活中存在该用函请求批准却用了请示的误用文种现象。到底是使用函还是使用请示来实现请求批准的功能，主要取决于发文单位与收文单位之间的关系，如果它们有隶属关系就用请示，如果没有隶属关系就用函。

三、函的种类

（1）按性质分，函可以分为公函和便函两种。公函是正式的公文，用于机关单位正式的公务活动往来，需要严格按照公文格式撰写制作；便函不属于正式公文，格式比较随意，用于日常事务性工作的处理。有些便函可以不要标题，不用发文字号，只需要在结尾署上机关单位名称、成文时间并加盖公章即可。本节介绍的主要是作为正式公文的函。

（2）按行文主动与被动划分，函可以分为发函和复函两种。发函即主动制发的函，复函则是为回复对方所发出的函。一般情况下，对方发来的是函，回复的也应该是函，但有时也可灵活处理。例如，上级发来函向下级询问有关事项，下级回复可以用函，也可以用报告。下级机关发来函向上级请示，如果是上级机关的办公部门回复，就不能用批复，只能用函，因为上级机关的办公部门和下级机关往往是平级的。

（3）按内容和用途分，函可以分为商洽函、请批函、答复函、通知事宜函、催办事宜函、转办函、催办函、转送材料函、邀请函等等。

四、函的写作格式

公函由标题、发文字号、主送机关、正文和落款五部分组成。

1．标题

公函的标题一般有两种形式。一种是由“发文机关名称＋事由＋文种”构成，例如《国务院办公厅关于羊毛产销和质量等问题的函》。如果是复函，标题中的文种一般标为复函。另一种是由“事由＋文种”构成，例如《关于请求增加技师岗位编制的函》。

2．发文字号

公函要有正规的发文字号，写法与一般公文相同，由机关代字、年号、顺序号组成，以“信函式”格式制发的函，一般在机关代字后加一个“函”字，如“×府办函[2019]8号”。

3．主送机关

和其他公文应一样，作为公文的函也应标明主送机关，即受文并办理来函事项的机关，应写明全称或者规范化简称。

4. 正文

正文一般由发函缘由、主要事项、结尾、结束语组成。

1）发函缘由

发函缘由一般要求概括交代发函的目的、依据、背景、原因等内容。复函的缘由一般首先引述来函的日期、标题、发文字号，然后再交代依据，说明缘由。然后用“现将有关问题说明如下”或“现将有关事项函复如下”等过渡语转入正文主要事项。

2）主要事项

这是函的主体部分，主要说明致函事项。可以是洽谈工作、询问、答复问题、或向有关主管部门请求批准事项等。无论哪种工作，函的事项部分要求内容单一，一函一事。语言上要求简洁得体、叙述清楚。如果属于复函，应注意答复事项的针对性和明确性。

3）结尾

结尾一般用礼貌性语言向对方提出希望或请求。这里的希望或请求可以是请对方协助解决某一问题，也可以是请对方及时复函、提出意见，或请主管部门批准。

4）结束语

通常应根据函商、函询、函告、函或函复的事项，选择运用不同的结束语。如用“特此函商”“特此函询”“请即复函”“特此函告”“特此函复”等惯用语结束。

5. 落款

落款包括发文机关、发文时间、印章。发文机关需写发函单位的全称或规范化简称，发文时间应用阿拉伯数字书写完整的年、月、日，印章要骑年盖月。

四、函的写作要求

（1）函的写作要一函一事，切忌一函数事。

（2）函的写作要注意用语的分寸。因为函是平行文，所以用语应平和有礼，既不能阿谀奉承，也不能盛气凌人。如果是复函，则要注意行文的针对性，答复的明确性。

（3）函也有时效性的问题，特别是复函更应该迅速、及时。应及时处理函件，以保证公务活动的正常进行。

【例文分析】

<table>
<tr><th>例文</th><th>评析</th></tr>
<tr><td>
××市行政审批局
关于华旺养殖有限公司驯养繁殖
梅花鹿和猕猴审查意见的函
×审批函〔2019〕29 号
××省林业和草原局：
我局对华旺养殖有限公司递交驯养繁殖梅花鹿和猕猴许可申请书等申请材料进行审查，提出如下审查意见：
华旺养殖有限公司递交驯养繁殖梅花鹿和猕猴许可申请书等申请材料真实、齐全，符合人工驯养、繁殖野生动物的申请条
</td><td>
1. 这是一则××市行政审批局写给省林业和草原局的发函。
2. 标题采用了“发文机关名称＋事由＋文种”的形式。
3. 由于是公函，有发文字号，发文字号书写规范。
</td></tr>
</table>

件。经我局研究，拟同意××市林业局关于华旺养殖有限公司驯养繁殖梅花鹿和猕猴审查意见，并报上级林业主管部门审批。

××市行政审批局（印章）
2019 年 4 月 24 日

4. 正文开头说明发函的目的，紧承目的交代告知事项，提出希望。用语简洁得体。

5. 落款，发文机关名称规范，发文时间年、月、日齐全。

例文

××省人民政府办公厅关于同意××市××区为省级园林城区的复函

×政办字〔2019〕71 号

××市人民政府：

你市《关于××区创建××省园林城区的请示》（×政呈〔2019〕34 号）收悉。经省政府研究，同意××市××区为××省园林城区。

请继续指导××区以习近平生态文明思想为指引，牢固树立和贯彻落实创新、协调、绿色、开放、共享的发展理念，坚持以人民为中心，以生态优先、绿色发展为导向，更好地发挥创建园林城的载体作用，不断巩固和提升创建水平，实现城市高标准规划、高质量建设、高效率管理，完善服务功能，使群众获得感、幸福感持续增强，城市生活品质、环境品质、人文品质不断提高。

××省人民政府办公厅（盖章）
2019 年 12 月 7 日

评析

1. 这是一则××省人民政府办公厅写给××市人民政府的复函。

2. 标题采用了“发文机关名称＋同意＋事由＋文种”的形式。

3. 由于是公函，有发文字号，发文字号书写规范。

4. 正文开头说明发函的依据，你市请示收悉。写明了文件名称及发文字号。随后写明回复意见。第二段对××市人民政府提出希望和要求。

5. 落款，发文机关名称规范，发文时间年、月、日齐全。

病文评析

病文

公　函

×× 大学校长办公室：

首先，我们以 ×× 省干校的名义，向贵校致以亲切的问候。我们以崇敬和迫切的心情，冒昧地请求贵校帮助解决我校当前面临的一个难题。

事情是这样的：最近，我校经与 ×× 学院磋商，决定派五

评析

1. 这是一份工作商洽函，函属于平行文，用语应平和，不应阿谀奉承，也不必卑躬屈膝，此函用语存在不恰当之处。

位教师到该院进修一年。但由于××学院房源紧张，我校几位进修教师的住宿问题，虽与该院有关部门多次协商，仍得不到解决。然而要使他们有效地学习，则住宿问题是亟待解决的。 　　为此，我们在进退维谷的情况下，情急生智，希望与贵校商洽，看能否为我校进修教师的住宿问题提供方便条件。但不知贵校是否有其他困难，如有另外的要求和条件，我校则尽力相助。若贵校对于住宿一事能够解决，我校进修教师在住宿期间可为贵校教学事务做些义务工作，如辅导和批改作业等。这样可以从中相得益彰。我们以校方的名义向贵校表示深深的恩谢。 　　以上区区小事，不值得惊搅贵校，实为无奈，望谅解。并希望尽快得到贵校的答复。 　　此致 敬礼！ ×省干校(印章) 二〇一七年五月二日	2. 公文用语应简洁，正文存在多处叙述啰嗦的问题。 3. 落款时间应用阿拉伯数字。

实训拓展

1. 请根据正文中关于公函的修改意见重新修改病文。要求语言简洁、叙述清楚。

2. 邯郸××学院汽车专业为了使三年级的学生了解新能源汽车的发展现状，特去函与该市河北奥钛公司联系，希望安排学生前去参观，并请该厂技术人员介绍情况。奥钛公司见函后，经研究同意该大学汽车专业的请求，特邀请汽车专业负责人来厂面商参观事宜。请代河北奥钛公司写一封给邯郸××学院汽车专业的复函，要求格式规范，文字简洁。

【思考与练习】

一、名词解释

1. 上行文
2. 下行文
3. 平行文
4. 发文字号

二、判断题

1. 公文的密级、紧急程度应标注于右上角。(　　)

2. 公文的成文日期应用阿拉伯数字标注。(　　)

3. 公文的附件如果与正文一起装订，附件应与正文连续编码。(　　)

4. 批转转发性通知属于复合性通知，由通知本身和被批转、转发、印发文件共同构成。(　　)

5. 同级机关之间可以使用批转性通知来传达信息。(　　)

6. 标注附件时在附件名称后应加相应标点。(　　)

7. 通知的主送单位可以是一个或多个。(　)
8. 批转性通知标题中的被批转文件的名称一律不加书名号。(　　)
9. 转发通知适用于转发上级文件或同级其他部门或单位的文件。(　　)
10. 请示的主送机关可以是一个也可以是多个。(　　)
11. 请示的正文写作必须符合一文一事。(　　)
12. 请示的缘由是领导审批的重要依据,写作时可以适当夸大其辞。(　　)
13. 请示的语言要谦虚,不能用决定的口吻。(　　)
14. 请示可以直接送领导者个人。(　　)
15. 请示和报告都属于上行文。(　　)

三、选择题

1. 某市交通局发生一起重大事故,急需上级部门和更高层级的上级机关同时了解公文的内容,此时应采用哪种行文方式(　　)。

A. 多级行文　　B. 逐级行文　　C. 越级行文　　D. 直接行文

2. 关于公文上行文规则,下列说法错误的是(　　)。

A. 主送一个上级机关

B. 下级机关的请示事项,如需以本机关名义向上级机关请示,应当原文转报上级机关

C. 受双重领导的机关向上一级机关行文,必要时抄送另一个上级机关

D. 党委、政府的部门向上级主管部门请示、报告重大事项,应当经本级党委、政府同意或者授权行文

3. ××市财政局就港务局所问的关于"速遣费"收入是否征收工商税问题的答复,应该使用的文种是(　　)。

A. 决定　　B. 指示　　C. 函　　D. 批复

4. 关于"附件"的说法,正确的是(　　)。

A. 附件如有序号应使用阿拉伯数字标识

B. 附件应紧接着公文正文,不必另起一行

C. 附件必须与公文正文一起装订

D. 附件应在其右上角标识"附件"

5. 某银行将于2019年4月1日至4月2日8:00进行计算机主机系统升级,在此期间,该行各营业网点将暂停对外办理一切业务。为告知客户,该银行应使用(　　)文种行文。

A. 通知　　B. 公告　　C. 通告　　D. 布告

6. 近日中共中央印发了《中国共产党支部工作条例(试行)》,并发文要求各地区各部门认真遵照执行,应选择的文种是:(　　)。

A. 通知　　B. 决定　　C. 意见　　D. 指示

7. 按照行文关系看批复属于(　　)。

A. 上行文　　B. 下行文　　C. 平行文　　D. 泛行文

8. 适用于下级机关传递的公文有(　　)。

A. 函　　B. 通知　　C. 请示　　D. 批复

9. 批复是答复下级请示的文件,是(　　)。

A. 被动发文　　B. 主动发文

C. 是对报告的披肩　　D. 下级没有请示，用来指导工作的

10. 公文要选择适宜的行文方式，一般不得(　　)。

A. 逐级行文　　B. 多级行文　　C. 越级行文　　D. 直接行文

11. 批复的意见主要有(　　)。

A. 完全同意　　B. 不同意　　C. 部分同意

四、简答题

1. 介绍党的机关公文的版头的主要结构及格式要求。
2. 一篇公文的成文主要包括哪些程序?
3. 行政公文中属于上行文的文体主要有哪些?
4. 联合行文时应注意哪些问题?
5. 思考通报文体的适用范围。
6. 试比较通知和通报的异同。
7. 写作通报时的注意事项有哪些?
8. 公告的使用应该注意什么?
9. 公告的使用范围主要有哪些?
10. 通告与公告的联系与区别是什么?
11. 通告的"发文字号"在书写时有什么特殊要求?
12. 决定和通报在功能上都可以用来奖惩，他们的主要区别是什么?
13. 通告的标题主要有几种写法?
14. 思考请示与报告的联系与区别是什么?
15. 写作请示的注意事项有哪些?
16. 批复的写作要求有哪些?
17. 思考批复意见的不同写法。
18. 决定主要在什么情况下使用?
19. 发函与复函在正文写作上有什么不同?

五、写作训练

(一) 指出下列公文标题及正文语句的错误并修改。

1. 腾飞公司提高员工福利待遇的通知
2. 腾飞公司关于提高员工岗位工作标准若干意见的通知
3. 腾飞公司关于做好年度先进工作者评选的通知
4. 邯郸市关于批转邯郸市第一中学开展勤工俭学工作的报告
5. 中共中央办公厅、国务院办公厅关于印发党政机关公文处理条例的通知
6. 大华公司事务部关于请求购置计算机设备的请示
7. 大金公司关于企业更名的申请书
8. 关于申请修建冰球馆所需经费的请示
9. 关于修建冰球馆所需经费的请示报告
10. 关于修建冰球馆经费使用情况的请示报告
11. 所请重大事项，不可延误，务必于10月前答复

（二）实训题

1. 邯郸××学院将于一个月后举办第N届大学生运动会，请代邯郸××学院教务处拟写一则通知，请全校各系部组织好运动队，按时参加各项比赛。通知的写作应注意以下问题：

(1) 比赛项目自拟。

(2) 具体时间安排自拟。

(2) 通知的写作要格式规范、条理清晰。

2. 河北省教育委员会于2018年10月10日收到了一份关于邯郸××大学设立文化产业专业的请示，请以河北省教委的名义撰写一份意见为同意的批复。

附录　应用文写作模拟试题

试题(一)

一、填空(每空 1 分，共 10 分)

1. 按照层次划分，应用文的结构一般有________、________、________三种形式。

2. ________是个人或集体向有关组织表达某种愿望、提出某种请求时所写的一种应用文。

3. 毕业论文的关键词又称________，一般可以直接从论文的题目和正文中抽取。

4. 在写作求职简历时，常用的格式有表格式、________与________。

5. 请示通常由标题、________、正文和________四部分组成。

二、判断(每题 1 分，共 10 分)

1. 通知可以以“特此通知”结尾，也可以发出讨论、抒发情感。(　　)

2. 与其他不相隶属的单位商讨事宜，可以用“请示”行文。(　　)

3. 假如有急事需向别人借钱、借物，应写欠条作为凭据。(　　)

4. 在写证明信时，必须言之有据、实事求是，不可刻意美化事实。(　　)

5. 表扬信兼有表扬和感谢的双重意义。(　　)

6. 总结的标题可采用正副标题结合的形式。(　　)

7. 在公文行文中，通知是应用最广泛的下行文。(　　)

8. 投标书的文尾有投标单位的署名，因此不必盖印章。(　　)

9. 在书写合同时，涉及金额时采用阿拉伯数字小写。(　　)

10. 所有的机关单位之间都可以根据工作需要联合行文。(　　)

三、单项选择题(每题 1 分，共 8 分)

1. 简讯的特点不包括(　　)。

A. 时效性强　　B. 内容简短　　C. 新鲜　　D. 丰富

2. 当问题重大、急需直接向上级和更高层次的上级机关同时了解公文内容时，可采用(　　)。

A. 越级行文　　B. 逐级行文　　C. 多级行文　　D. 直接行文

3. 五个机关联合下发的公文需加盖(　　)。

A. 最先签发公文的机关的印章　　B. 最后签发公文的机关的印章

C. 负责主办的公文机关的印章　　D. 参与行文的五个机关的印章

4. 某大学生严重违反校规校纪，学校决定给予处分，以警示其他在校学生，宜选用(　　)。

A. 通报　　B. 通知　　C. 通告　　D. 决定

5. 答复上级机关的询问时使用(　　)。

A. 通报　　B. 报告　　C. 请示　　D. 意见

6. 受文体特点和写作目的的制约，以下哪种不是应用文的表达方式？(　　)。

A. 叙述　　B. 抒情　　C. 议　　D. 说明

7. 某学校拟发一份关于加强学生宿舍管理的公文，应采用(　　)。

A. 通告　　B. 决定　　C. 公告　　D. 函

8. 以下请示的结束语中，最为恰当的是(　　)。

A. 妥否，请批复　　B. 以上事项请尽快批准

C. 以上请示如有不妥，请立即提出　　D. 请务必于本月底前回复

四、以下表述存在语病，请找出来并写出正确的句子。(每题2分，共18分)

1. 近年来，我国加快了高等教育事业发展的速度和规模。

2. 戏曲艺术，对于我们很多大学生来说是陌生的。

3. 我国棉花的生产，长期不能自给。

4. 这篇文章介绍了传统相声所用的押韵、谐音、摹声等方面的详细的语言技巧和表达效果，内容丰富，饶有趣味，让读者受益匪浅。

5. 为了防止这类交通事故不再发生，我市加强了交通安全的教育和管理。

6. ××学院党委做出了学习优秀党员先进事迹。

7. 李××先生因病英年早逝的消息令人惋惜。

8. 通过李老师的讲座，使我们受到了深深地触动。

9. 通过一学期的努力学习，他的写作水平明显改进了。

五、以下应用文中存在错误，请指出并改正。(9分)

通知

各位家长大家好！

5月10日上午在我校召开五年级家长会，会上将传达省教育厅对小学作业改革的指示，同时汇报五年级学生德智体美全面发展的总体情况及存在的问题。请各位家长最好到会参加。

××小学

20××年5月7日

六、写作(45分)

1. 阅读以下材料，参照所学内容拟写一份通知。(15分)

20××年10月28日，××职业学院将迎来建校60周年纪念日。经研究讨论，学院将20××年10月定为“校庆活动月”，届时将举办丰富多彩的校庆活动。为了传承校园文化，动员学生力量办好本次校庆活动，现需面向全校学生招募志愿者200名，志愿者主要从事接待引导、会场布置、活动协助、秩序维护等多项工作。请你以“××职业学院团委”的名义，拟写关于招募学生志愿者的通知，通知中包括报名条件、选拔流程、报名方式等一系列内容。

2.阅读以下材料，参照所学内容写一篇活动策划书。(30分)

××职业学院为了热烈庆祝建校60周年，拟于今年10月份举办丰富多彩的“庆校庆”

专题活动。现学院面向全校师生征集校庆活动优秀策划方案。王莹同学作为院学生会的一员，想为“校庆”贡献自己的一份力量。请你为王莹出主意、想办法，设计一份有创意的活动策划书。

试题（二）

一、填空（每空 1 分，共 15 分）

1. 应用文写作的基本要素包括________、材料、________和语言四个方面。

2. ________是对过去一段时间内的实践活动做出的系统的回顾、归纳、分析、研究，用以指导今后工作的一种事务性文书。

3. 调查报告的结构一般由标题、________、________三部分组成。

4. 按公文的行文方向来看，公文可分为________、________、________。

5. 公文的密级按照程度由低到高排序依次为________、________、________。

6. 毕业论文的本质属性是________。

7. ________是对支持、帮助、关心过自己的机关、企事业单位、社会团体或个人表示感谢的专用书信。

8. 批复是针对________而发的，用于答复下级机关。

9. 工作试用期满，可写________向主管部门申请转正。

二、判断（每题 1 分，共 5 分）

1. 通知可不注明主送机关。（　　）

2. “规划”“安排”“打算”等都属于计划范畴。（　　）

3. 毕业论文可不写参考文献。（　　）

4. 在写借条时，涉及钱物数量的数字用阿拉伯数字即可。（　　）

5. 在写简历时，应力求精简。（　　）

三、单项选择题（每题 2 分，共 30 分）

1. 适用于向国内外宣布重要事项或法定事项的文种是（　　）。

A. 通知　　B. 公告　　C. 公报　　D. 通告

2. 在申请书的正文部分，（　　）应是表述的重点。

A. 申请事项　　B. 表明决心　　C. 申请缘由　　D. 申请对象

3. 证明信的最主要的作用是（　　）。

A. 介绍个人　　B. 凭证作用　　C. 阐明事实　　D. 信息交流

4. 请示格式由标题、主送机关、正文和落款四个部分组成，下列对主送机关的格式叙述不正确的是（　　）。

A. 在标题之下　　B. 在正文之前　　C. 可用规范化简称　　D. 空两字书写

5. 计划主体的“三要素”是指（　　）。

A. 目标、措施、时间　　B. 任务、办法、执行人

C. 目标、措施、步骤　　D. 目标、指标、时间

6. 以下哪项不是简报的特点（　　）。

A. 简　　B. 快　　C. 新　　D. 全

7. 总结的写作一般使用(　　)。

A. 第一人称　　B. 第二人称　　C. 第三人称　　D. 三种人称并用

8. 下列公文中，属于上行文的是(　　)。

A. 报告　　B. 批复　　C. 纪要　　D. 通知

9. 向有关上级机关请求指示、批准的公文是(　　)。

A. 报告　　B. 请示　　C. 函　　D. 决定

10. 公文中复函在写作时，开头应首先(　　)。

A. 引述对方来文的标题、文号　　B. 问候

C. 立刻写出答复　　D. 强调背景和意义

11. 在合同中，当事人双方权利义务共同指向的对象叫(　　)。

A. 价款　　B. 报酬　　C. 数量　　D. 标的

12. 写好活动策划书的关键是(　　)。

A. 明确目标　　B. 选好主题　　C. 做好调研　　D. 确定活动对象

13. 公文的成文日期是指(　　)。

A. 公文印制的日期　　B. 领导人签署的日期

C. 公文的拟稿日期　　D. 公文的发出日期

14. 计划与其他事务类文书的显著区别是具有(　　)。

A. 预见性　　B. 约束性　　C. 可行性　　D. 创新性

15. 教育部发布了《教育部关于×××计划的报告》，以下说法错误的是(　　)。

A. 该报告属于专题报告

B. 本报告的主送机关是发文机关的直属上级领导机关

C. 本报告可以针对上级机关的询问和要求，写清问题，表明态度，提出意见

D. 本报告开头可先交代发文的原因和目的

四、指出下面公文的错误，并改正。(10 分)

××市第一中学关于要求解决学生教室拥挤等问题的请示

××发(201×)第 9 号

市政府、市教育局：

我校今年由于学生急剧增加，造成学生教室严重不足，现在教室基本上是一个桌位两个人使用，严重影响了学生的学习。为解决这一困难，我校决定再建一座教学楼，望上级部门给予支持。

特此请示，盼回复。

××市一中

201×年 07 月 15 日

五、根据以下材料，按要求写作。(40 分)

(1) 某校电子信息工程系 2019 级网络技术 5 班王某，学习积极性低，经常旷课，沉迷网络游戏，无视班级纪律。在 6 月 20 日的“信息化软件基础”课程考试时，该同学将旁边同学的试卷抢来抄袭，监考老师发现后制止时，竟与监考老师抢夺试卷，并破口大骂监考老师，严重扰乱了考场秩序。根据有关规定，学院决定对××同学考试作弊的行为作出记大

过的处分，并取消本门课程的考试成绩。请根据本材料写一则批评性通报。(15 分)

(2) 某外语教育机构每年秋天如期进行校园招聘会，在本次校招中，有教师、市场销售、运营管理、文员、会计等多种岗位，请你选择适合自己的岗位，写一封求职信。(25 分)

党政机关公文格式　　国家行政机关公文处理办法　　应用文写作模拟试题参考答案

参考文献

［1］ 赵莹，马成．应用文写作实务［M］．北京：航空工业出版社，2015.
［2］ 章年卿．应用文写作概论［M］．北京：教育科学出版社，2019.
［3］ 郭孔生，陈巍．应用文写作实训教程［M］．北京：中国书籍出版社，2016.
［4］ 王芙凌，王平．应用文写作［M］．长春：吉林大学出版社，2017.
［5］ 吴健峰，陈妍霞．应用文写作［M］．长春：吉林大学出版社，2017.
［6］ 张浩．最新办公室文秘写作必备全书［M］．北京：蓝天出版社，2006.
［7］ 杨文丰．高职应用写作［M］．北京：高等教育出版社，2007.
［8］ 黄高才，刘会芹．新编应用写作教程［M］．北京：高等教育出版社，2008.
［9］ 张保忠．党政公文写作规范技巧范例全书［M］．北京：研究出版社，2012.
［10］ 金燕．应用文写作实训教程［M］．上海：上海交通大学出版社，2007.
［11］ 黄丽清，胡赛阳．应用写作教程［M］．北京：高等教育出版社，2014.
［12］ 李振辉．应用文写作实训教程［M］．北京：机械工业出版社，2006.
［13］ 张文英．新编应用文写作教程［M］．天津：南开大学出版社，2010.
［14］ 唐世贵．应用文写作教程［M］．北京：科学出版社，2011.